城市轨道交通
电气控制技术

主　编　舒寅笛　范云涛
副主编　钱净生　储　杰　黄子俊　李庆宇

上海交通大学出版社
SHANGHAI JIAO TONG UNIVERSITY PRESS

内容提要

本书依据国务院印发的《国家职业教育改革实施方案》相关要求,结合《低压成套开关设备和控制设备 第一部分 总则》(GB/T 7251.1—2023)系列国家标准及宁波地铁实际工况编写。本书分为6个项目,包括城市轨道交通低压成套开关设备及其关键元器件、城市轨道交通电气控制设计基础、城市轨道交通变压器、城市轨道交通牵引网供电系统、城市轨道交通牵引降压混合变电所及各中压供电设备和城市轨道交通主变电所及各高压设备等内容,涉及范围从硬件到软件,由低压逐步拓展至高压。

本书贴近生产应用实际,注重学生职业技能的培养。它既可作为高职高专院校轨道交通机电技术专业的教材,也可作为相关单位进行岗前培训的参考书。

图书在版编目(CIP)数据

城市轨道交通电气控制技术/舒寅笛,范云涛主编.
上海:上海交通大学出版社,2025.1. — ISBN 978 - 7 - 313 -
31924 - 1

Ⅰ.U239.5

中国国家版本馆 CIP 数据核字第 2024ZN3806 号

城市轨道交通电气控制技术

CHENGSHI GUIDAO JIAOTONG DIANQI KONGZHI JISHU

主　　编:舒寅笛　范云涛

出版发行:上海交通大学出版社　　　　　　地　　址:上海市番禺路 951 号

邮政编码:200030　　　　　　　　　　　　电　　话:021-64071208

印　　制:苏州市古得堡数码有限公司　　　经　　销:全国新华书店

开　　本:787mm×1092mm　1/16　　　　印　　张:9.75

字　　数:211 千字

版　　次:2025 年 1 月第 1 版　　　　　　　印　　次:2025 年 1 月第 1 次印刷

书　　号:ISBN 978 - 7 - 313 - 31924 - 1　　电子书号:ISBN 978 - 7 - 89564 - 073 - 3

定　　价:58.00 元

前　言

城市轨道交通具有运量大、不堵车、污染少等优点,近年来为解决我国地面交通资源紧张的问题,轨道交通特别是地铁发展迅猛。为切实保障城市轨道交通的运营安全与提升乘坐舒适度,城市轨道交通电气控制技术的应用变得尤为关键。然而,与轨道交通的快速发展不相匹配的是相关专业人才的短缺,特别是在轨道交通领域中,电气设计及设备维护等人才严重匮乏。因此,培养新时代轨道交通电气专业人才势在必行。

《城市轨道交通电气控制技术》作为轨道交通机电技术专业的核心课程,对专业人才的培养具有重要作用,但现有的教材却为数不多。为此,编者精心编写了本书。

本书具有以下特点。

第一,课程思政,立德树人。

结合专业特色和行业形势,本书融入了丰富的思政元素。例如,阐述行业发展与技术革新、模范榜样与工匠精神、爱国情怀与道德素养、中国速度与中国力量等,引导学生时刻践行社会主义核心价值观,树立正确的世界观、人生观和价值观,为城市轨道交通高质量发展和实现中国梦添砖加瓦,同时实现学生的自身价值。

第二,章节递进,整体融合。

本书共有6个项目,内容上划分为低压、中压、高压三个部分。项目1和项目2以轨道交通领域常见低压元器件及成套电力开关设备以及经典的低压电气线路为介绍对象展开教学;项目3和项目4以变压器和接触网等中低压领域为介绍对象,讲述低压通过何种器件,利用什么原理由中压转变而来;项目5及项目6则递进至牵引变电及高压设备为介绍对象,从而完整地向学生呈现了高中低电压的三个层次,形成系统知识理念。

第三,学生为主,形式多样。

本书在介绍相关内容时,采用了"小组讨论""头脑风暴"等环节。设置这些环节的目的是充分发挥学生的主观能动性,结合教师讲的知识点展开充分的讨论、思考和辩论,真正体现以学生为主体的课堂特色,激发学生学习的内在动力,达到让学生主动学习知识的目的。

第四,贴近现实,技术革新。

在编写的过程中,编者实地考察了杭州地铁、宁波地铁、无锡地铁等地铁公司实际设备情况,参与编写本书的教师曾多次参加了地铁公司的培训学习。此外,本书还邀请了宁波地铁等与轨道交通设备相关的在岗工程师参与具体章节的编写工作,编写内容展示了当前地铁相关设备、技术的实际情况和已采用或即将采用的前沿技术。

第五,扫码微课,轻松学习。

本书对部分设备操作流程的讲解配有视频,从而,学生可以通过扫码观看学习。这些流程往往靠纸面文字不易清楚阐述,通过微课视频配合语音讲解能够让学生轻松理解这些仪器设备电气安全检测的操作方法和原理。

最后,编者要感谢所有参与本书编写的专家学者和同仁,感谢他们的辛勤努力和支持。希望读者在阅读本书时能够获得对城市轨道交通电气控制技术的深刻理解,并能够在实际学习、工作中取得更好的效果。

在编写本书的过程中,编者借鉴了国内外地铁相关领域的研究成果和实际应用经验,参考了大量的关于轨道交通运营、轨道交通设备维修、电气控制等方面的相关文献,同时从网络上搜索获取了部分最新的资料和精美图片,力求提供一本准确、权威、实用的教材,为相关领域的专业人士和学术研究人员提供有益的指导和参考。同时,希望通过本书的出版,促进城市轨道交通电气控制技术的推广和应用,为城市交通的现代化发展做出贡献。

本书由舒寅笛、范云涛担任主编,负责编写项目1和项目3及全书的整理工作。黄子俊、李庆宇、钱净生、储杰担任副主编,分别负责项目2、项目4、项目5、项目6的编写工作。

由于编者水平有限,书中存在的疏漏及不当之处,恳请广大读者批评指正。

编　者

2024 年 5 月

目　　录

项目 1 城市轨道交通低压成套开关设备及其关键元器件

项目导读

在地铁车站内,闸机、自动售票机、半自动售票机等设备为乘客的出行提供了极大便利。这些车站设备如何才能正常工作? 又是通过什么装置为这些车站设备提供安全保护? 在本项目中,将通过学习城市轨道交通低压成套开关设备及其关键元器件,了解地铁等城市轨道交通车站内电能的分配设备及保护元器件。

学习目标

(1) 了解低压成套开关设备和关键元器件的种类。
(2) 掌握低压成套开关设备和关键元器件的使用类别。
(3) 掌握断路器的三大保护原理。

任务 1.1 城市轨道交通用低压成套开关设备

任务准备

本任务要求学生了解并掌握城市轨道交通低压成套开关设备的种类及特点,前期准备工作如下。

(1) 指导老师将学生分组,下达任务。各组学生根据任务制订计划书,明确学习目标及组内分工等内容。

(2) 根据分工,各组学生查阅资料,整理城市轨道交通用低压成套开关设备的种类及特点。

(3) 各组学生根据任务计划书学习相关知识,有序实施各项任务。

1.1.1　概述

城市轨道交通低压成套开关设备是由一个或多个低压开关器件和与之相关的控制、测量、信号、保护、调节等设备,以及设备内部的电气及机械连接和结构部件的组合体。城市轨道交通低压成套开关设备内部由许多元器件组成,其中部分元器件对整个成套开关设备的性能起着关键作用,这些被称为关键元器件。

在城市轨道交通供电系统中,城市轨道交通低压成套开关设备负责完成电能的转换、分配、测量、保护及控制作用。地铁电能的传输和分配几乎都要经过低压成套开关设备,它们主要集中在城市轨道交通配电室及部分轨旁地段,为地铁的安全运行提供了安全保障。

1.1.2　常见城市轨道交通低压成套开关设备

城市轨道交通低压成套开关常见的产品有成套电力开关和控制设备、母线干线系统、配电板、低压无功功率补偿装置及智能型成套开关设备等。

1. 成套电力开关和控制设备

成套电力开关和控制设备的作用是按照规定要求,将发电厂经过输配电网络传送过来的电能安全地送达用电设备中,城市轨道交通成套电力开关和控制设备一般在交流 50 Hz,额定电压 380/400 V 的配电系统中作为动力、照明及配电设备的电能转换、分配及控制用,具有组合方便、实用性强、结构新颖等特点。在地铁、轻轨、有轨电车等轨道交通场所中,常见的成套电力开关和控制设备有动力配电柜、固定封闭式开关柜、低压抽出式开关柜、固定分隔式开关柜、固定分隔式和抽出式混合型开关柜(见图 1-1),最常见的型号有 XL、GGD、GCS、GCK、MNS、Blokset、SIVACON-8PT、SLVA 等。

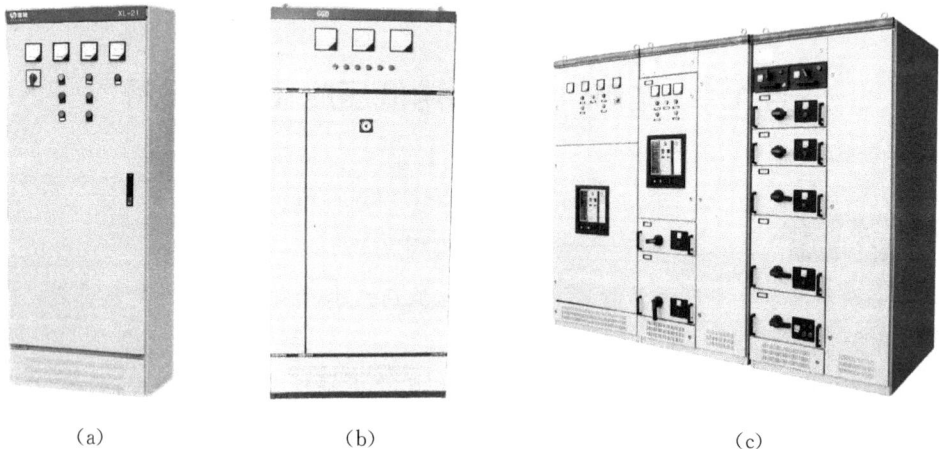

| (a) | (b) | (c) |

图 1-1　常见的成套电力开关和控制设备

(a)动力配电柜;(b)固定封闭式开关柜;(c)低压抽出式开关柜

2. 母线干线系统（母线槽）

母线干线系统是一种高效输送电流的配电装置,尤其是在高层建筑和大规模工厂中,其应用更为广泛。它具有系列化生产、容量大、体积小、施工周期短、拆卸方便、安全可靠、寿命长等优点。该系统适用于交流 50 Hz,额定电压为 380 V、额定电流在 63~6 300 A 的三相四线、三相五线制配电系统工程。

常见的母线干线系统有空气型母线槽、密集型母线槽、浇筑型母线槽、滑触式母线槽、耐火型母线槽等(见图 1 - 2)。在此主要介绍空气型母线槽和密集型母线槽。

视频　抽出式开关柜的结构

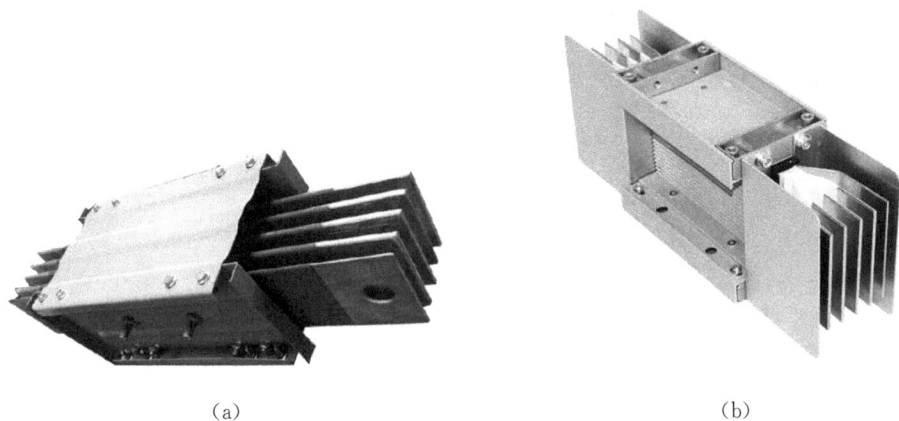

(a)　　　　　　　　　　　　　　　(b)

图 1 - 2　常见的母线干线系统

(a)空气型母线槽;(b)密集型母线槽

空气型母线槽是一种以空气为绝缘介质的母线槽。它利用空气间隔来实现相与相之间、相与外壳之间的绝缘。通常由导电排、绝缘材料、外壳等组成。空气型母线槽的结构较为简单,散热性能较好,因为空气的绝缘性能相对稳定,在一定程度上能降低因绝缘问题导致的故障风险。但它也有缺点,比如体积相对较大,占用空间较多。

密集型母线槽是将导电排用绝缘材料紧密包裹起来,使得相与相之间、相与外壳之间紧密排列,几乎没有空气间隙。这种母线槽具有体积小、结构紧凑、传输电流大等优点。由于导电排紧密排列,散热主要通过外壳进行,通常采用高导热性能的材料来提高散热效率。密集型母线槽适用于对空间要求较高、电流负荷较大的场合。

小组讨论

密集型母线槽与空气型母线槽的结构特点导致了这两类母线槽各有何优缺点?

3. 配电板（箱）

配电板常适用于污染等级为 2 的环境中,以轨道交通车控室为例,室内的导电尘埃稀少,颗粒含量低,符合该污染等级要求。常见的配电板主要有照明配电板、计量箱、插座箱等(见图1-3)。模数化终端配电箱是配电箱中的典型产品,适用于额定工作电压为220 V或380 V,额定电流不超过125 A的单相或三相电路,它对用电设备进行控制,起到过载、短路、漏电保护的作用。

(a)   (b)

图1-3   常见的配电板

(a)模数化终端配电箱;(b)计量箱

头脑风暴

适用于污染等级为2的环境中的配电板为一般人员可操作的设备,这类设备应具备什么安全措施?

4. 低压无功功率补偿装置

在城市轨道交通负载末端附近,有许多感性负载。而低压无功功率补偿装置可以提高电网功率因数,降低感性电抗所消耗的无功功率,对于用电系统的安全可靠运行有着极为重要的意义。在城市轨道交通领域内,常见的低压无功功率补偿装置有GGJ低压无功功率补偿装置、集成(智能)低压无功功率补偿装置及JP综合配电柜等(见图1-4)。

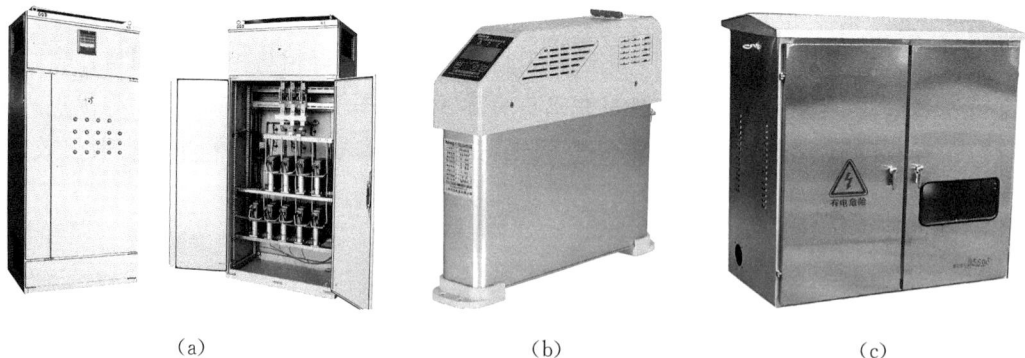

(a)   (b)   (c)

图1-4   常见的低压无功功率补偿装置

(a)GGJ低压无功功率补偿装置;(b)集成(智能)低压无功功率补偿装置;(c)JP综合配电柜

根据投切装置的不同,低压无功功率补偿装置又可分为机电投切开关低压无功功率补偿装置和复核投切开关低压无功功率补偿装置。机电投切开关在电容器投切时,对于投切瞬间电压值是一个随机的过程,因而往往投切的涌流倍数较大,而复合投切开关因为是在电压过零时进行投切的,故而涌流倍数较小。

随着科技的发展,静止无功发生器越来越多地被应用于无功补偿领域,静止无功发生器区别于传统低压无功功率补偿装置,它通过主动监测无功电流,并发出大小相同,方向相反的无功电流进行抵消,从而达到提高功率因数的目的。

5. 智能型成套开关设备

在结构和功能上,智能型成套开关设备与普通的成套开关设备基本相同,从而,在现场总线技术及相应智能化元器件的应用中,使低压成套开关设备实现了智能化。智能型成套开关设备主要增加了"四遥"功能,即遥测、遥调、遥控、遥信。正是智能型成套开关设备功能的应用,才使部分城市轨道交通配电室数据能够进行远程监控及调节。

任务实施

指导老师准备各类城市轨道交通低压成套开关设备并进行编号。各组学生依次对各类设备的铭牌及结构、部件进行观察,并将主要参数等信息汇总记录在表 1-1 中。

表 1-1 城市轨道交通低压成套开关设备观察记录表

编号	名称	型号	技术参数	作用	结构特点
1					
2					
3					
4					
5					

任务评价

按照各学生提交的观察记录表及实际表现情况,指导老师进行评价,并将评价结果记录于表 1-2 上。结合自身表现和指导老师评价,学生对此次任务实施进行总结。

表 1-2 任务实施评价表

评价项目	评价标准	满分	实际得分	备注
操作技能	(1) 型号、名称记录准确 (2) 技术参数完整、准确 (3) 各设备作用分析准确 (4) 各设备结构特点描述准确	80		
参与程度	全程认真参与,过程中善于发现问题,积极沟通交流	10		

评价项目	评价标准	满分	实际得分	备注
合作意识	(1) 积极参与小组合作探讨,勇于接受小组任务,敢于承担责任 (2) 小组分工明确,各组员取长补短	10		
总分		100		

思考与练习

（1）密集型母线槽与空气型母线槽在结构上有何区别？

（2）通常在功率因数低于某个值时，无功补偿装置将电容投切上去，高于某个值时将电容切除，投切门限和切除门限可否为同一个数值，为什么？

（3）如何理解城市轨道交通低压成套开关设备的"四遥"功能？

任务 1.2　城市轨道交通用关键低压元器件结构及特性

任务准备

本任务要求学生熟悉城市轨道交通用低压元器件的工作原理及适用场合,前期准备工作如下。

(1)指导老师将学生分组,下达任务。各组学生根据任务制订计划书,明确学习目标及组内分工等内容。

(2)根据分工,各组学生查阅资料,整理轨道交通用低压元器件的种类、工作原理及适用场合等信息。

(3)根据任务计划书学习相关知识,各组学生实施任务。

1.2.1　概述

城市轨道交通低压成套开关设备中的关键元器件指的是那些对人的生命财产、环境的保护及产品的安全运行起关键作用的元器件。

1.2.2　城市轨道交通主要关键低压元器件分类

我国城市轨道交通低压成套产品中的关键元器件大致可分为以下几个部分。

(1)断路器类:低压断路器(包括万能式断路器、塑料外壳式断路器、小型断路器)、隔离器、隔离开关、熔断器式隔离开关、接触器、热过载继电器、接线端子排、漏电断路器、熔断器等。

(2)壳体类:主要有金属壳体、绝缘壳体。

(3)载流导体类:主要包括铜母线、铝母线、铜覆铝母线、绝缘导线、绝缘电缆线、主电路接插件等。

(4)绝缘支撑件:主要有绝缘子、母线框、母线夹。

(5)其他电器类:主要有电力电容器、电抗器、无功功率补偿投切装置、无功功率补偿控制器等。

1. 低压断路器

低压断路器主要有万能式断路器、塑料外壳式断路器、小型断路器、具有剩余电流保护的断路器(又称漏电断路器 CBR)等,不同类型的断路器具有不同的功能特点,但其基本动作原理大体相同(见图 1-5)。

低压断路器可按不同方法进行分类:按照使用类别可分为 A 类、B 类;按照使用用途可

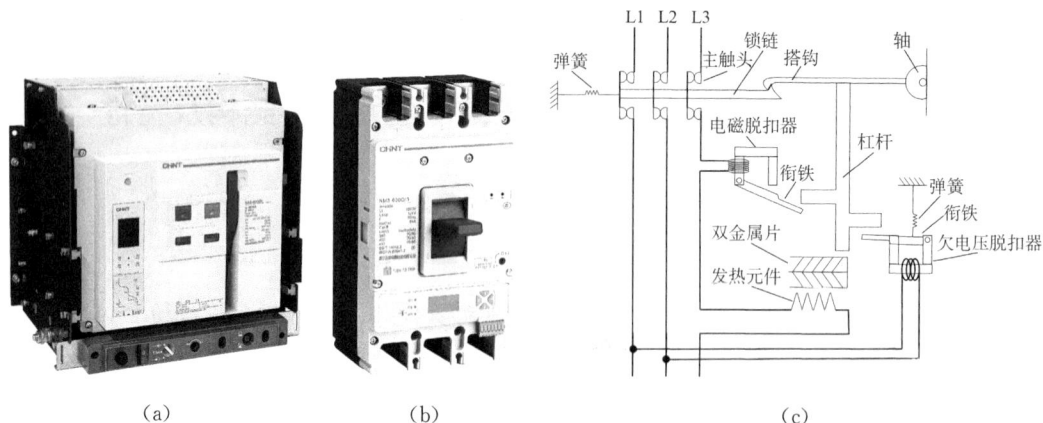

图 1-5   部分常见断路器及内部结构

(a)万能式断路器；(b)塑料外壳式断路器；(c)断路器内部结构

分为配电用、电动机保护用；按照结构形式可分为框架式、塑料外壳式；按照分断介质可分为空气式、真空式、油浸式；按照安装方式可分为固定式、抽屉式、插入式；按照电源种类可分为交流型、直流型。

在电路正常情况下，低压断路器操作断路器闭合或断开，以达到供电、断电和转换电路的目的；当电路出现过载、短路、欠压等不正常情况时，低压断路器能自动地把负载从电网上切断，从而保护设备和人员的安全。

小组讨论

结合图 1-5(c)讨论，断路器中欠压、过载、短路保护的工作原理。

1) 万能式断路器

主要用途：如图 1-5(a)所示，万能式断路器主要用于配电网络中，用于分配电能、保护线路，避免电源设备的过载、短路、欠压、过压等非正常状态。在城市轨道交通低压配电系统中，主要将万能式断路器作为进线柜的保护开关。

产品构成：主要由触头系统、灭弧室、绝缘底板、侧板、操作机构、电动操作机构、过电流脱扣器、辅助触头、磁脱扣器、断路器附件(如辅助触头、报警触头、欠电压脱扣器、分励脱扣器、电动操作机构和旋转操作手柄)等组成，抽屉式万能式断路器还需加一个抽屉。

万能式断路器可按照不同方法进行分类：按照操作方式可分为手柄直接传动、电磁铁传动、电动机传动；按照安装方式可分为固定式、抽屉式；按照接线方式可分为板前接线、板后接线。

2) 塑料外壳式断路器

主要用途：塑料外壳式断路器一般作为配电用，也可作为保护电动机用〔见图 1-5(b)〕。在正常情况下可作为线路不频繁转换及电动机的不频繁启动之用。城市轨道交通配电柜中末端电流一般使用塑料外壳式断路器作为分断保

视频　万能式
断路器储能
方式

护开关用。

产品构成:由触头系统、灭弧室、操作机构以及各种脱扣器等主要部件组成。将这些部件安装在一个塑料外壳内,断路器触头的极与极之间由壳内的凸筋隔开。触头系统分为动触头和静触头。它们一般由银合金材料制成,静触头焊接在连接进线的母排上,动触头安装在触头支架上。动触头支架固定在绝缘刚性主轴上,用来保证三相触头同步闭合或断开。灭弧室采用栅片式,铁栅片固定在绝缘板间;热双金属脱扣器布置在断路器的下端,其热元件串联在主电路中,双金属片固定在热元件上。电磁式脱扣器由铁轭和衔铁组成,热元件穿过磁轭,相当于一匝线圈,当发生短路时,衔铁被吸合,推动脱扣轴而使断路器断开。

塑料外壳式断路器的壳架电流 I_{nm} 一般有 63 A、100 A、125 A、160 A、225 A、250 A、400 A、630 A、800 A、1 250 A、1 600 A、2 000 A。其额定电流 I_n 一般为 6~2 000 A 不等,额定绝缘电压 U_i 一般为 380~1 000 V;额定工作电压 U_e 一般为 380~1 000 V。

3) 具有剩余电流保护的断路器(漏电断路器)

对于外形结构上较普通断路器而言,具有剩余电流保护的断路器通常带有 N 相(见图 1-6),其结构主要由三个部分组成:检测部分,其关键的元件是零序电流互感器;感应比较部分,其关键部件是比较放大器和剩余电流动作脱扣器;执行部分,其关键是主断路器的有关部分。

功能:安装剩余电流保护的断路器具有防止人身触电(一般 $I_{\Delta n} \leqslant 30$ mA 的产品),防止因设备绝缘损坏产生接地故障电流而引起的火灾危险,避免过载及短路以保护线路和电动机等作用,还可以用于线路的不频繁转换及电动机的不频繁启动。

图 1-6 具有剩余电流保护的断路器

具有剩余电流保护的断路器种类,可根据其动作性能与线路电压的关系,分为两种:电磁式和电子式。两类的动作时间一般均小于 0.1 s,电磁式与动作电压无关而电子式与动作电压有关,目前较多的产品为电子式。

(1) 电磁式漏电断路器工作原理:正常情况下,通过永久磁铁产生的磁通,铁芯吸引脱扣器的衔铁(此时永久磁铁产生的磁力克服反力弹簧力)。当线路发生漏电且达到整定值时,零序电流互感器(ZCT)二次绕组会产生感应电流,该感应电流流过电磁线圈,此时,在脱扣器的铁芯、衔铁回路中产生交变磁通。在一个周波的半波期间,交变磁通的方向与永久磁铁的恒磁通方向相反,从而减弱了对衔铁的吸引力。在反力弹簧力大于磁力合力时,衔铁在反力弹簧力作用下释放,衔铁推动推杆动作,进而拉或推动断路器的脱扣板动作,使断路器分闸。断路器分闸的动作能力并非仅仅来自感应电动势产生的电能,而是感应电动势产生的电流在电磁线圈中形成磁场,与永久磁铁的磁场相互作用,同时结合机械结构的相互配合以及反力弹簧的弹力等多种因素共同作用的结果。

（2）电子式漏电断路器的工作原理：电子式漏电断路器的 ZCT 的二次输出信号，经过电子元器件放大，当线路发生漏电达到整定值时，该信号触发可控硅使其导通，进而使电源的电压作用于分励脱扣器上，促使断路器脱扣。

电磁式和电子式漏电断路器是目前市场上覆盖率较高的两类漏电断路器，其特性对比如表 1-3 所示。

表 1-3　电磁式与电子式漏电断路器特性对比

项目名称	电磁式漏电断路器	电子式漏电断路器
灵敏度	在较小的漏电电流下也能快速可靠地动作，一般能在几 mA 到几十 mA 的漏电电流范围内准确动作	容易实现高灵敏度，如 10 mA 灵敏度范围较广，可以在几 mA 到几百 mA 的漏电电流范围内进行调整
实现延时动作	困难	容易
辅助电源	不需要	需要
电压对特性的影响	无	有
温度对特性的影响	较小	有影响，但对于有温度补偿的电路时，影响很小
重复操作特性波动范围	较大	较小
耐压试验	可以进行	电子线路控制板处不宜进行
耐感应雷击性能	强	弱
耐机械冲振性能	一般	较强
可靠性的关键	加工精度	取决于电子元器件的质量和可靠性，出厂前产品要进行电子元器件的老化试验
对 ZCT 的要求	高，ZCT 价格贵	低，ZCT 价格便宜
制造技术	要求高，例如脱扣器要求精密加工	要求低
市场产品价格	高	低

2. 低压开关、隔离器、隔离开关及熔断器组合电器

低压开关、隔离器、隔离开关及熔断器组合电器适用于额定交流电压不超过 1 000 V 或直流不超过 1 500 V 的配电电路和电动机电路中。

1）低压开关、隔离器、隔离开关及熔断器组合电器的分类

（1）按使用类别进行分类，如表 1-4 所示。

表 1-4　低压开关、隔离器、隔离开关主要使用类别

电流种类	使用类别		典型用途
	类别 A	类别 B	
交流	AC-20A	AC-20B	在空载条件下闭合和断开
	AC-21A	AC-21B	通断电阻性负载,包括适当的过负载
	AC-22A	AC-22B	通断电阻和电感混合负载,包括适当的过负载
	AC-23A	AC-23B	通断电动机负载或其他高电感负载

（2）按人力操作电器的适用性分类：有关人力操作、无关人力操作、半无关人力操作。

（3）按隔离的适用性分类：适用于隔离用、不适用于隔离用。

2）开关定义

在正常电路条件下（包括规定的过载工作条件），能够接通、承载和分断电流，并在规定的非正常电路条件下（如短路），能在规定时间内承载短路电流的一种机械开关电器。

根据具备带载合分能力及具有短路分断能力，目前在城市轨道交通内常见的前端分断电器有隔离器、隔离开关和熔断器式隔离开关（见图 1-7）。

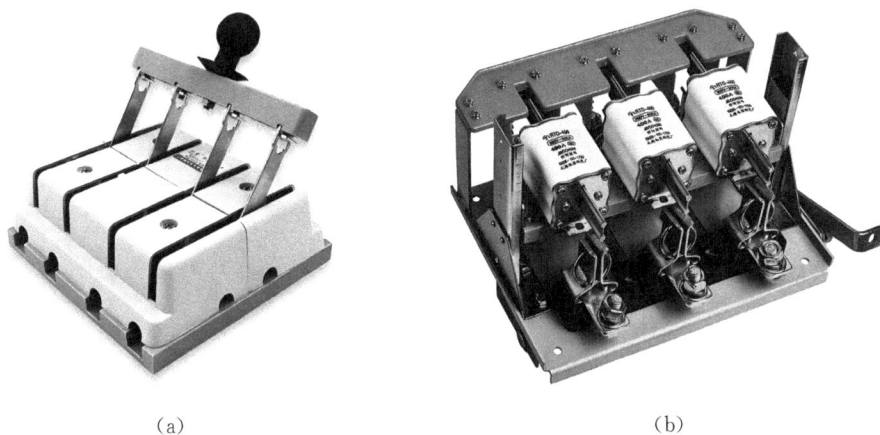

（a）　　　　　　　　　　　　（b）

图 1-7　隔离开关与熔断器式隔离开关

（a）隔离开关；（b）熔断器式隔离开关

隔离器：在断开状态下，能符合规定的隔离功能要求的机械开关电器。

隔离开关：在断开状态下，能符合隔离器隔离要求的开关。

熔断器组合电器：由制造厂或按其说明书将机械开关电器与一个或数个熔断器组装在同一个单元内的组合电器。

低压开关、隔离器、隔离开关及熔断器组合电器安装在低压成套开关设备的主回路中，控制主电路的闭合和断开，断开时，可形成明显断开点，如果出现故障，闭合后接触不好，可引起低压成套柜内外温度过高、发热等现象。例如，熔断器组合电器在不该动作的时候动作，会引起误操作故障，使其控制的线路中使用的电气设备无故突然断电停止工作。在规

定的非正常电路条件下(如短路)不能在规定的时间内动作,或者过载拒动,严重的可引起低压成套柜内外温度过高、发热,甚至引发火灾、爆炸,使得回路中电气设备过载使用而受到损坏。

3. 低压机电式接触器和热过载继电器

低压机电式接触器和电机启动器适用于主触头连接额定电压不超过交流 1 000 V 或者直流 1 500 V 的电路中,主要包括交流和直流接触器、过载继电器、交流电动机启动器。

1) 接触器

接触器主要由触头和灭弧系统、电磁系统、支架、外壳、接线端和辅助触头等组成,当线圈通电后,电磁系统的吸力克服反作用弹簧及触头弹簧的反作用力使衔铁动作,带动触头运动,使动触头运动,从而使动触头和静触头接触,接通回路。

交流接触器是一种适用于远距离频繁地接通和分断交流主电路及大容量控制电路的电器。它主要用于控制交流感应电动机的启动、停止、反转、调整,也可用于控制其他电力负载。

交流接触器可按不同的方法进行分类:按照主触头的极数可分为单极、双极、三极、多极;按照主触头的正常位置可分为常开式和常闭式;按照灭弧介质可分为空气型和真空型;按照有无灭弧室可分为有灭弧室和无灭弧室;按照吸引线圈种类可分为交流励磁和直流励磁。

直流接触器是一种适用于远距离频繁地接通和分断直流主电路及大容量控制电路的电器,其控制对象是直流电动机和直流电磁铁,也可用于控制其他直流负载,如照明、电加热等。

直流接触器可按照不同的方法进行分类:按照触头极数可分为单极、双极、多极;按照主触头的正常位置可分为常闭式、常开式和混合式;按照灭弧方式可分为磁吹灭弧、永磁灭弧和机械拉长灭弧;按照有无灭弧室可分为有灭弧室和无灭弧室。

接触器安装在低压成套开关设备的主回路中,可频繁地接通、分断主电路,如果它误动作,会造成回路突然停电,使得回路中的电气设备突然断电,停止工作;或该动作时不动作,会造成低压成套开关设备温升过高,使回路中的电气设备因过载使用而遭到损坏。

CJ20 系列交流接触器[见图 1-8(a)]主要用于交流 50 Hz、额定工作电压至 660 V、额定工作电流至 630 A 的电路中,供远距离接通和分断电路之用,并可与适当的热过载继电器组合,以保护可能发生操作过负荷的电路。

操作方式:电磁式。触头系统形式:双断点桥式触头。磁系统:铁芯形式(双 E 形)。

主要使用类别:AC-3、AC-4。

CJ40 系列交流接触器[见图 1-8(b)]为直动式双触头立体结构。由于采用塑料灭弧罩代替传统陶土灭弧罩,具有耐用、分断能力高、喷弧距离短等特点。CJ40 系统结构紧凑、布局合理、体积小,重量轻且产品装配工艺性好。

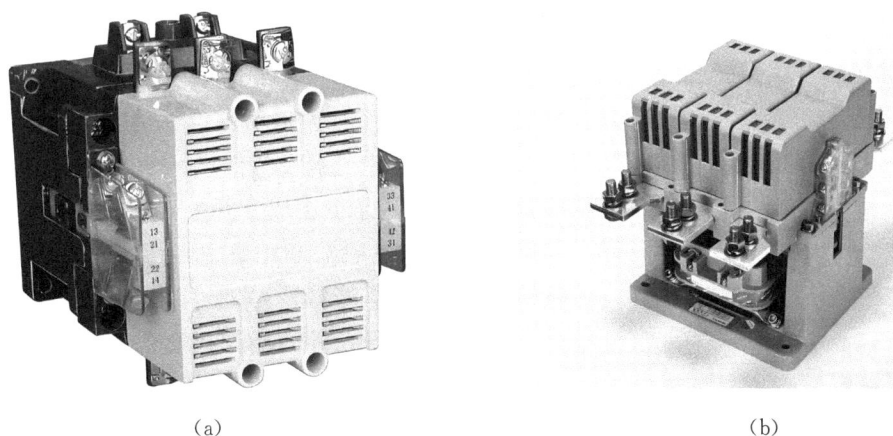

(a)　　　　　　　　　　　　　　　　　(b)

图 1 - 8　CJ20、CJ40 交流接触器

(a)CJ20 系列交流接触器；(b)CJ40 系列交流接触器

　　CJX1 系列交流接触器[见图 1 - 9(a)]为双断点直动式运动结构，触头、磁系统采用封闭结构，粉尘不易进入，接线端均有防护罩覆盖，使用安全可靠。安装时可用螺钉紧固，也可用 35 mm 的安装导轨安装，装卸迅速方便。CJX1 系列交流接触器主要用于交流 50 Hz、额定工作电压至 660 V、(在 AC - 3 使用类别下)额定电压为 380 V 时额定工作电流至 170 A 的电路中，供远距离接通和分断电路及频繁启动和控制交流电动机之用，并可与适当的热过载继电器组成电磁启动器，以保护可能发生过负荷的电路。

　　CJ19 系列切换电容器接触器[见图 1 - 9(b)]主要用于交流额定电压至 400 V 的电力线路中，供低压无功功率补偿设备投入或切除低压并联电容器之用，接触器带有抑制涌流装置，能有效减小合闸涌流对电容的冲击，抑制开断时的过电压。

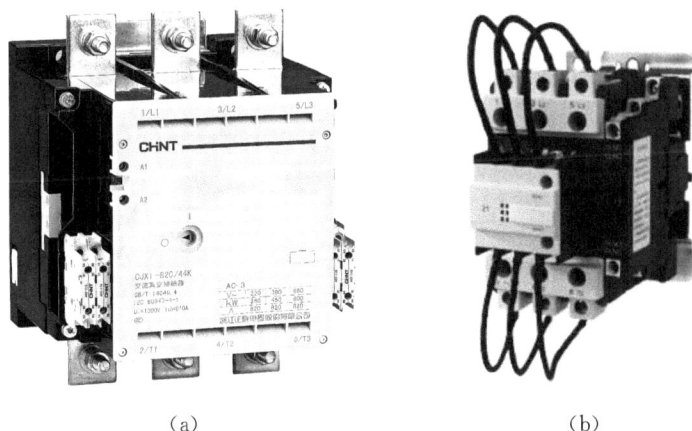

(a)　　　　　　　　　　　　　　　　　(b)

图 1 - 9　CJX1、CJ19 交流接触器

(a)CJX1 系列交流接触器；(b)CJ19 系列交流接触器

2) 热继电器

热继电器可实现电机类负载的过载保护,在城市轨道交通站厅或轨行区内,热继电器用于交流电动机的过载保护,带断相保护的热继电器还能在断相或者发生严重相间不平衡时进行有效的保护。热继电器可分为单相、两相、三相;可分为自动复位、手动复位和自动及手动复位;也可按照有无整定电流调节装置、有无周围空气温度补偿进行分类。

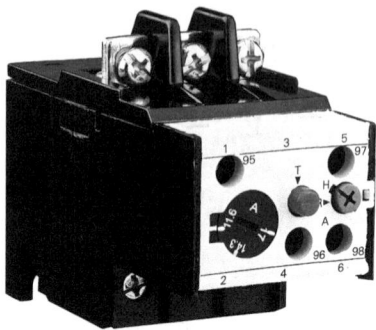

图 1 - 10   JR20 - 63 热过载继电器

热过载继电器用于低压成套开关设备的主回路,检测主回路,并将过载、短路、断相等主回路中故障的信号发给执行元件(如交流接触器)来断开电路。如果它检测信号有误,那么执行元件的动作也会有误,造成不该动作的时候动作,或者该动作的时候不动作,从而造成低压成套开关设备损坏,使得回路中电气设备使用有误。

JR20 系列热过载继电器可在交流 50 Hz、额定电压 660 V 及以下、电流至 630 A 的电路中使用,用于三相交流电动机的过载和断相保护,JR20 - 63 热过载继电器如图 1 - 10 所示。

4. 双电源自动转换开关

双电源自动转换开关(automatic transfer switching equipment, ATSE)是一种能够在主电源出现故障时自动切换到备用电源的开关设备,它能确保重要负荷的连续供电。ATSE 通常用于城市轨道交通、医院、机场、数据中心等重要场所。它适用于交流 50 Hz、额定绝缘电压 690 V、额定工作电压 400 V 及以下、额定工作电流 6~800 A,具有常用电源(电网供电)和备用电源(电网或发电机供电)的供电系统中。可针对其中一路发生故障而进行电源之间的自动转换,以保证供电的可靠性和安全性。根据结构差异,常用的双电源自动转换开关可分为 PC 级和 CB 级,如图 1 - 11 所示。

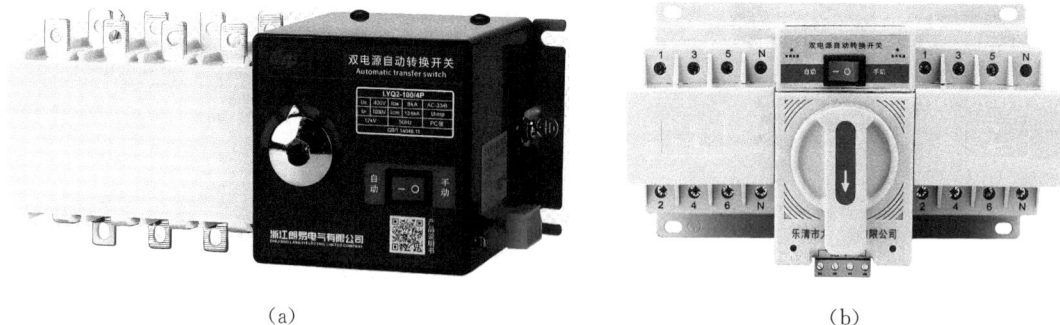

(a)   (b)

图 1 - 11   双电源自动转换开关

(a)PC 级双电源自动转换开关;(b)CB 级双电源自动转换开关

PC 级 ATSE 是指内部使用类似刀闸开关的合分闸器件作为常备用电源投切开关,具有接通和分闸功能,但不具有短路保护、过载保护、欠压保护等功能。

CB 级 ATSE 指内部使用类似断路器的合分闸器件作为常备用电源投切开关,具有接通和分闸功能,同时可具有短路保护、过载保护、欠压保护等功能。

5. 接线端子排

按照国家标准规定,在城市轨道交通中接线端子排(见图 1-12)主要安装在支架上,为铜导线提供电气连接以及机械连接。其分为螺纹型和非螺纹型两类,适用参数为额定交流电压不超过 1 000 V,频率不超过 1 000 Hz 或直流不超过 1 500 V 的电路中。

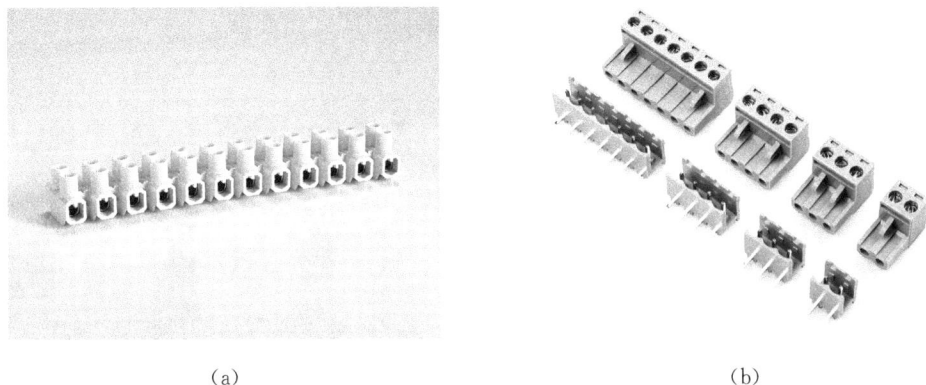

(a)　　　　　　　　　　　　　　　　(b)

图 1-12　接线端子排

(a)螺纹型;(b)非螺纹型

6. 小型断路器

小型断路器(见图 1-13)也属于低压断路器的一种,但是与上述万能式断路器与塑料外壳式断路器不同,小型断路器的适用场所为家用及类似场所,这是因为小型断路器只适用在污染等级是 2 级的场所。在城市轨道交通领域,一般轨旁或高架等环境相对较差的场所(污染等级为 3 级)是不适合用小型断路器的,只有在使用环境较好的场合,才可以允许使用小型断路器。

小型断路器一般适用于频率为 50 Hz 或 60 Hz、额定电压相间不超过 440 V、额定电流不超过 125 A;额定短路能力不超过 25 000 A 的空气式断路器。

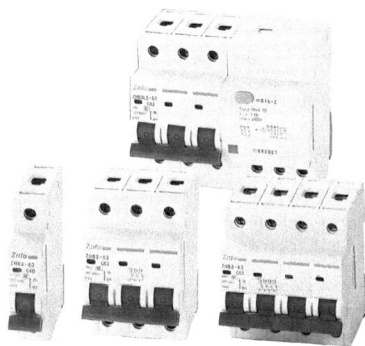

图 1-13　小型断路器

小型断路器的保护功能包括过载保护和短路保护,一般不具有欠压、过压等保护功能。如果线路中有过载、短路而小型断路器不动作,则将不能起到保证设备正常使用的作用。

小组讨论

　　小型断路器结构原理与塑料外壳式断路器基本一致,区别在于它是一种使用在污染等级 2 环境中的断路器。那么小型断路器是否可用在普通工业环境中?

7. 低压熔断器

　　低压熔断器(见图 1-14)分为专职人员使用的熔断器和非熟练人员使用的熔断器。专职人员使用的熔断器又可分为刀形触头熔断器、螺栓连接熔断器和圆筒形帽熔断器。非熟练人员使用的熔断器可分为螺旋式熔断器和圆管式熔断器。熔断器按照结构形式分可分为半开启式熔断器、无填料密闭管式熔断器和有填料封闭式熔断器。

(a)　　　　　　　　　　　　(b)

图 1-14　常见的低压熔断器

(a)有填料管式熔断器;(b)刀型触头熔断器

　　低压熔断器一般由熔断器支持件和熔断体两部分组成,熔断器支持件一般可由载熔件、底座、保护圈或外壳防护罩等几部分组成,根据不同场合的使用需要,可由其中的几部分组成各种不同类型的熔断器。熔断体是熔断器的主要部分,熔断体一般由熔体、熔管、触头、填料和熔断指示装置等几部分组成。熔体是熔断体的核心部分,调整熔体材料和形状,可获设备内,对线路中过载、短路等非正常情况进行熔断保护。如果线路中有过载、短路而不能动作,低压熔断器将无法保证设备的正常使用。

1) 专职人员使用的熔断器

　　专职人员使用的熔断器是指只有专业人员或者指定人员才能操作使用的这类熔断器,在城市轨道交通范围内,一般是专业的持有上岗证的电气维修人员或电工才能对此类熔断器进行维修与替换。根据国家标准《低压熔断器　第 2 部分:专职人员使用的熔断器的补充要求(主要用于工业的熔断器)标准化熔断器系统示例 A 至 K》(GB/T 13539.2-2015)的规定,该类熔断器属于分断能力不低于 6 kA 的封闭式限流熔断器,适用于额定工作电压不超过 1 000 V 的工频交流电路或额定电压不超过 1 500 V 的直流电路中。在城市轨道交通中,这类专职人员使用的熔断器还对时间电流特性、I^2t 值、标准结构条件、耗散功率、接受功率、截断电流特性等参数有要求。对于使用的环境要求,一般为 $-5\sim40\ ℃$,海拔不超过 $2\ 000\ m$,相对湿度不超过 90% 的条件下使用。

2)非熟练人员使用的熔断器

在城市轨道交通范围内,非熟练人员使用的熔断器一般是指额定电流不超过 $100\ A$,额定电压不超过交流 $500\ V$ 的非熟练人员使用的家用及类似场所用的"gG"熔断器。"g"代表全范围分断能力的熔断体,"G"代表一般用途的熔断体。在城市轨道交通中,这类非熟练人员使用的熔断器对时间电流特性、门限、I^2t 值、约定时间、约定电流、额定分断能力、绝缘、升温与耗散功率等参数有要求。对于使用的环境要求,一般为 $-5\sim40\ ℃$,海拔不超过 $2\ 000\ m$,相对湿度不超过 90% 的条件。

8. 壳体

壳体(见图 1-15)是城市轨道交通低压成套设备的外壳,起到保护人员安全,保护设备安全及美化设备的功能。

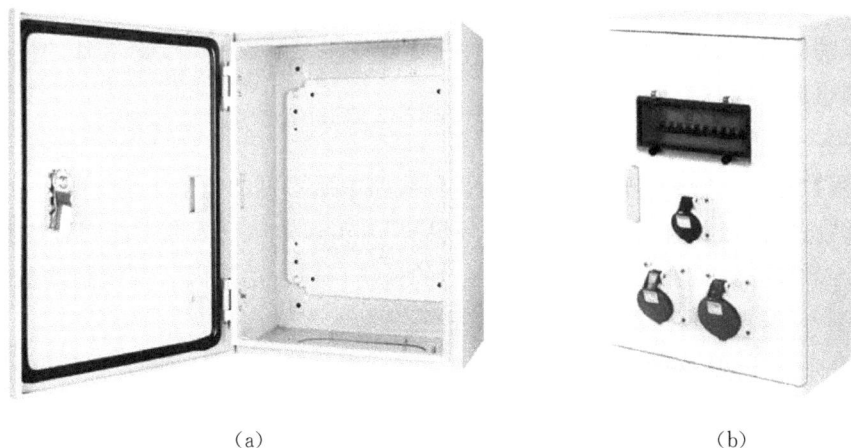

（a）　　　　　　　　　　　　　　　　　（b）

图 1-15　常见壳体

（a）金属型空壳体;（b）绝缘型空壳体

壳体可按照不同的方法进行分类:按照材质类型,可分为绝缘型、金属型和混合型;按照结构形式,可分为焊接式、组装式、抽出式、混合式;按照使用场所,可分为户外型和户内型。

城市轨道交通中所用的低压开关设备和控制设备壳体要求有一定的机械强度、防护等级、机械碰撞等级。对于绝缘型的壳体,还要求壳体具有一定的耐热性能。

9. 无功功率补偿控制器

城市轨道交通末端负载存在着大量感性负载,这些感性负载会导致电网功率因数的降低,因此,需要对城市轨道交通末端的这些感性负载进行无功补偿来提高功率因数。无功功率补偿控制器(见图 1-16)是控制无功补偿装置进行精准无功补偿的部件,防止在进行无功补偿过程中出现过补或者欠补现象。

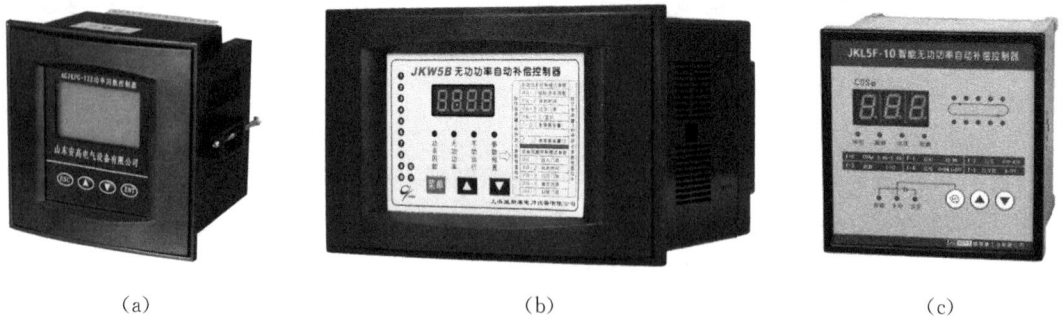

图 1-16　无功功率补偿控制器

(a)功率因数型控制器；(b)无功功率型控制器；(c)无功电流型控制器

无功功率补偿控制器适用于交流 50 Hz、额定电压 660 V 及以下的配电系统中。根据采样方式，可将无功功率补偿控制器分为功率因数型、无功功率型、无功电流型。选择哪一种物理控制方式，实际上就是对无功功率补偿控制器的选择。控制器是无功补偿装置的指挥系统，采样、运算、发出投切信号、参数设定、测量、元件保护等功能均由补偿控制器完成。近年来，无功补偿控制器经历了由分立元件—集成线路—单片机—DSP 芯片的快速发展过程，其功能也越来越强大。

1）功率因数型控制器

功率因数 $\cos\phi$ 代表有功功率在电能传输线路中所占据的比值。当 $\cos\phi=1$ 时，表明电能传输线路中没有无功损耗，当然这是理想情况，实际中功率因数不能完全达到 1，因此提高功率因数以减少无功损耗是这类控制器的最终目标。功率因数型控制器是一种较为传统的控制方式，它的采样、控制方式都很简单，比较容易实现。

但是在运行中，功率因数控制型控制器的采样方式既要保证线路系统稳定、无振荡现象发生，又要兼顾补偿效果。这是一对矛盾，只能在现场视具体的情况再将参数整定到较好的状态下工作。其实，即使调得再好，也无法弥补这种方式本身的缺陷，尤其是在线路重负荷的情况下。例如，设定投入门限值为 $\cos\phi=0.95$（滞后），线路重负载，即使此时的无功损耗已经很大，再投入电容器也不会出现过补情况，但 $\cos\phi$ 只要不小于 0.95，控制器就不会再有补偿指令，也就不会有电容器组投入，所以在重负载情况下尤其不推荐这种控制方式。

2）无功功率/无功电流型控制器

无功功率/无功电流型控制器较完善地解决了功率因数型控制器的缺陷。一个设计良好的无功型控制器是智能化的，它有很强的适应能力，能兼顾线路的稳定性及检测和补偿的效果，并且能够对补偿装置进行完善的保护和检测，这类控制器一般具有以下功能：四象限操作、自动/手动切换、自动识别各路电容器组的功率。根据负载自动调节切换时间，滤波过压报警及保护，线路谐振报警，过电压保护，线路低电流报警，电压、电流畸变率测量，显示电容器功率，显示 $\cos\phi$（功率因数）、U（电压）、I（电流）、S（视在功率）、P（有功功率）、Q

（无功功率）及 f（频率）等参数。

由以上功能可以看出无功功率/无功电流型控制器具有完备的控制功能，其将补偿装置的效果发挥得淋漓尽致。例如，在重负荷时，即使线路 $\cos\phi$ 已达到 0.99（滞后），只要再投入一组电容器不发生过补现象，控制器还是会下达命令；再投入一组电容器，使得补偿效果更佳。该类控制器采用 DSP 芯片，运算速度大幅度提高，使得傅里叶变换得以实现。

小组讨论

控制器的投入与切除取决于功率因数值是否达到了投入门限与切除门限。控制器实际设置这两个值的时候可否设置为同一个值，即从低到高到达切除门限就将电容器切除，从高到低到达投入门限就将电容器投入？

10. 电力容器

在城市轨道交通配电室内，用于无功补偿的电容器主要是自愈式低压并联电容器（见图 1-17），其采用国际先进的锌铝复合金属化膜，内装自放电电阻和保险装置，在断电后，放电电阻使电容器自动释放能量，使电压迅速降低到安全电压。当电容器发生故障时，保险装置能及时启动断开电源，避免故障的进一步发展，主要在城市轨道交通低压电网中用于提高功率因数、减少无功损耗、改善电能质量。

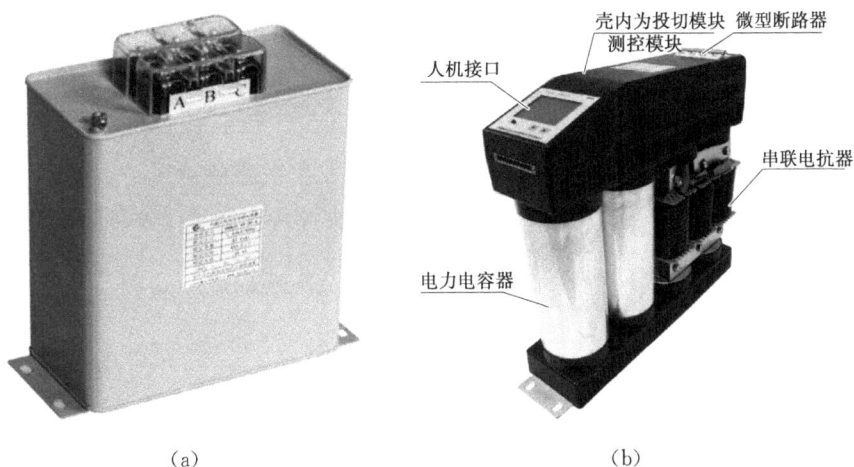

（a）　　　　　　　　　　　　　　　　（b）

图 1-17　电力电容器

（a）自愈式电力电容器；（b）含电容器的集成无功补偿装置

小组讨论

城市轨道内的所有低压成套开关设备是否可以在断电后徒手进行维修操作？

11. 绝缘件

城市轨道交通领域用绝缘件主要包括母线夹、母线框、绝缘子、绝缘垫块、绝缘隔板等

（见图 1－18）。城市轨道交通低压成套开关设备内绝缘件的材料主要有 DMC 料、SMC 料、PPO 料、环氧树脂料等。在城市轨道交通低压成套开关设备中，绝缘件应用广泛，主回路、接地回路、二次回路都需使用绝缘支撑件。

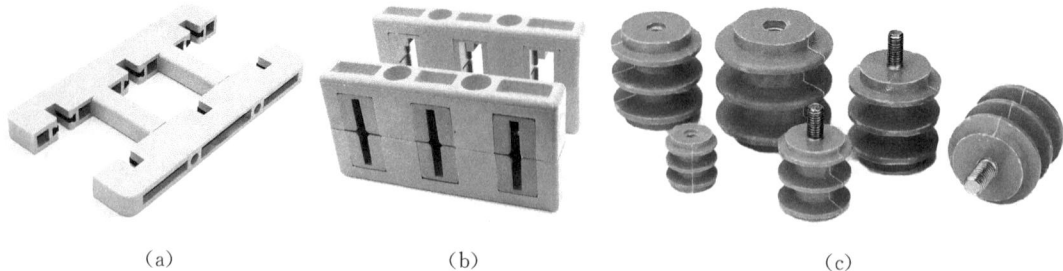

（a）　　　　　　　　　（b）　　　　　　　　　（c）

图 1－18　绝缘件

（a）母线夹；（b）母线框；（c）绝缘子

城市轨道交通低压成套开关设备内用的绝缘件至少应具备以下特性。

（1）具有良好的绝缘性能，否则容易因绝缘性能不佳而导致相间击穿，引起短路爆炸事故。

（2）应有较好的耐热性能，即在城市轨道交通配电负载发热时，在一定温度范围内，绝缘件不会因受热变形而导致电气间隙减小和爬电距离等电气参数的降低。

（3）具有较好的阻燃性能，即当城市轨道交通内发生火灾或温度达到着火危险温度时，这些绝缘件应能阻燃，即载流部件应能承受（960±15）℃，非载流部件应能承受（650±15）℃的高温。

（4）具有相当的抗机械冲击能力，即在末端负载发生短路的情况下，由于短路电流的冲击，母排产生强大的动斥力，这时，绝缘支撑件应能承受这种短暂且巨大的动斥力，而保证城市轨道交通低压成套开关设备内的母排仍然固定在原有位置。

视频　绝缘材料的着火危险性能测试

小组讨论

绝缘件的安装距离是越短越好，还是越长越好？

12. 主电路用接插件

主电路用接插件是指在城市轨道交通抽出式低压成套开关设备主回路中，连接配电母线（或垂直母线）与各个抽屉的部件。

主电路接插件分为两个部分：动插件和静插件。动插件是连接固定在抽屉侧的插件，随着抽屉的运动而运动的插件部分；静插件是连接固定在配电母线（或垂直母线）侧的插件，在抽屉插入对应模室的时候，静插件将与动插件接合，构成电能的传输通道。

城市轨道交通低压成套开关设备内用的接插件至少应具备以下特性：

（1）具有良好的绝缘性能，否则容易因绝缘性能不佳而导致相间击穿，引起短路爆炸事故；

（2）应有较好的耐热性能，即在城市轨道交通配电负载工作发热时，在一定温度范围内，不因受热而变形，致使电气间隙和爬电距离等电气参数降低；

（3）具有较好的阻燃性能，即当城市轨道交通内发生火灾或温度达到着火危险温度时（960±15）℃，这些绝缘件应阻燃；

（4）具有一定的机械寿命，在实际使用时，主回路会经常断开和闭合，这就意味着静插件与动插件之间会经常插拔，如果没有一定的机械寿命，主电路接插件极易引起电阻增大，导致工作时发热严重甚至发生短路事故。

头脑风暴

除了接插件的非金属部分属于载流部件，还有哪些部件属于载流部件？

任务实施

指导老师准备各类城市轨道交通用低压元器件并进行编号。各组学生轮流对元器件进行观察，并对万能式断路器参数进行设置，将观察的信息记录至表 1-5。

表 1-5　城市轨道交通用低压元器件观察记录表

编号	名称	具备的保护功能			适用场景	
1		□短路	□过载	□欠压	□家用	□工业用
2		□短路	□过载	□欠压	□家用	□工业用
3		□短路	□过载	□欠压	□家用	□工业用
4		□短路	□过载	□欠压	□家用	□工业用
5		□短路	□过载	□欠压	□家用	□工业用

任务评价

按照各学生提交的观察记录表及万能式断路器参数设置的情况，指导老师进行评价，并将评价结果记录至表 1-6。结合自身表现和指导老师评价，学生对此次任务实施进行总结。

表 1-6　任务实施评价表

评价项目	评价标准	满分	实际得分	备注
操作技能	（1）名称记录正确； （2）保护功能清晰； （3）适用场景无误； （4）万能式断路器参数设置正确且熟练	80		

评价项目	评 价 标 准	满分	实际得分	备注
参与程度	全程认真参与,过程中善于发现问题,积极沟通交流	10		
合作意识	(1) 积极参与小组合作探讨,勇于接受小组任务,敢于承担责任; (2) 小组分工明确,各组员取长补短	10		
总分		100		

思考与练习

（1）从适用场合看,小型断路器与万能式断路器、塑料外壳式断路器有何区别?

（2）根据断路器内部结构解释一般断路器短路、欠压、过热、过压保护的动作原理。

（3）隔离器、隔离开关与熔断器式隔离开关从功能上有何不同之处?

（4）CB 级双电源转换开关与 PC 级双电源转换开关的区别。

（5）根据产品标准,元器件绝缘部分着火危险的温度等级有哪些? 在城市轨道交通中,元器件绝缘部分着火危险的温度等级需要满足何种参数?

项目 2　城市轨道交通电气控制设计基础

项目导读

在交通运输领域中，广泛使用着各种配电设备，特别是在轨行区范围内，它们大都以低压元器件作为控制器件来驱动轨旁设备负载。这些控制器件所组成的线路即电气控制线路。

电气控制线路是把各种有触头的接触器、继电器、按钮、行程开关等电气元件，按一定方式用导线连接起来组成的控制线路。它的作用是实现对负载（如电动机）的启动、调速、反转和制动等运行性能的控制，实现对电力线路系统的保护，满足轨道交通运行需求，实现轨道信号通信、转辙机动作等的自动化。

学习目标

（1）掌握电路图、布置图、接线图的识读及绘制方法。
（2）掌握三相异步电动机的结构与工作原理。
（3）掌握经典电气控制线路的结构及工作原理。

任务 2.1　轨道交通电气制图及电路图分类

任务准备

本任务要求学生掌握电路图、布置图、接线图的识别并能根据实物线路进行绘制，前期准备工作如下。

（1）指导老师准备电梯负载配电箱、地铁照明配电箱、消防配电箱、动力配电箱，并将学生分组，下达任务。各组学生根据任务制订计划书，明确学习目标及组内分工等。

（2）根据分工，各组学生查阅资料，了解电路图、布置图及接线图的区别。

（3）根据任务计划书学习相关知识，各组学生实施任务。

2.1.1　电气控制系统分类

电气控制系统是由电气设备及电气元件按照一定的要求连接而成的,为了展现电气控制系统的组成结构及工作原理,同时为了电气系统的安装、调试和检修,必须采用统一的工程语言,即用工程图的形式来表达,这种工程图称为电气控制系统图。电气控制系统图是根据国家标准,运用规定的文字符号、图形符号及规定的画法绘制而成。目前我国已颁布实施了有关电气图形和文字符号的国家标准,如 GB/T 4728.1—2018、GB/T 6988.1—2008、GB/T 20939—2007、GB/T 5094.1—2002。

常用的电气控制系统图主要有三种,分别为电路图、布置图、接线图。

1. 电路图

习惯上电路图称为电气原理图,它是根据电路工作原理绘制的,可用于分析系统的组成和工作原理,并可为寻找故障提供帮助,也是编制接线图的依据。由于电气原理图结构简单,层次分明,因此在设计部门和生产现场等领域得到广泛应用。图 2-1 为某电动机作为负载的电气控制电路图。

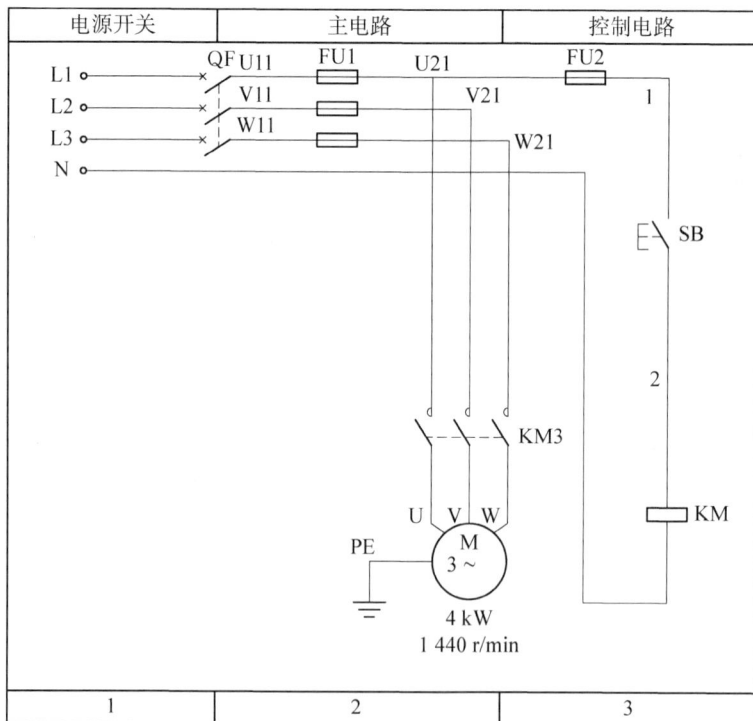

图 2-1　某电动机电气控制电路图

1) 结构

电气控制电路一般由主电路、控制电路、信号及照明电路、保护电路等构成。如图 2-1

所示的电路中包含了主电路和控制电路两部分。

主电路是指电路中额定电流及分支电流流过的电路,一般电流值较大,是起驱动设备作用的电路。常见的主电路中的元器件包括熔断器、接触器(或主触点)、热继电器、断路器、电动机等。

控制电路是指起控制作用的电路,一般电流值较小。常见的控制电路中的元器件包括接触器(或辅助触点)、继电器线圈等。

在电路图中,电路一般垂直布置,电源电路沿水平方向绘制,主电路垂直绘制在图的左侧,控制电路垂直绘制在图的右侧。

2)元器件绘制

电路图中的所有元器件均采用国家标准规定的图形和文字符号来进行表示,具体可参照《电气简图用图形符号》(GB/T 4728)系列标准。

电路图中的元器件图形符号,均按照未通电和无外力作用下的状态进行绘制。使触点动作的外力方向如下:当图形符号垂直放置时是从左到右,即在垂线左侧的触点为动合触点,在垂线右侧的触点为动断触点;当图形符号水平放置时是从下到上,即在水平线下方的触点为动合触点,在水平线上方的触点为动断触点(常闭触点)。

保护类元器件的图形符号按照其正常工作状态进行绘制,特殊情况应具体说明。

2. 布置图

电气元件布置图主要是表明电气设备上所有电器的实际位置,为电气控制设备的安装及维修提供必要的参考,布置图可根据电气设备的复杂程度集中绘制或分别绘制。它不表示各元器件的具体结构、作用、接线情况和工作原理。图 2-2 为城市轨道交通电梯配电箱

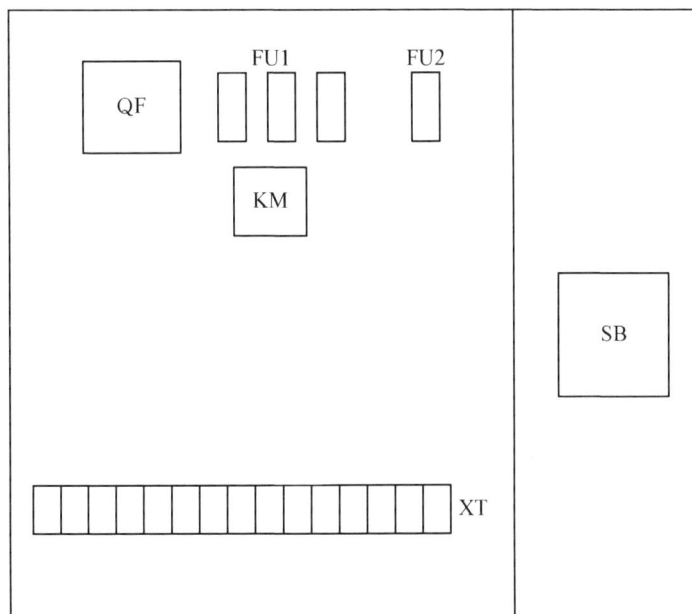

图 2-2　电梯配电箱电路布置图

的电路布置图。

小组讨论

　　电动机一般通过端子排与元器件连接,图2-2电路布置图中各符号分别代表什么元器件?

　　布置图是根据元器件在控制板上的实际位置,由简化的外形符号(如正方形、矩形、圆形等)绘制而成,并且在相应位置标注对应的文字符号。在绘制布置图时,应将同一类型的元器件放在一起,各元器件的文字符号应与电路图一致;一般用细实线或点画线绘制轨道用电设备的轮廓线,用粗实线绘制元器件简单的外形轮廓。

3. 接线图

　　接线图主要用于安装接线、线路检查、线路维修和故障处理。在绘制接线图时,应把各电气元件的组成部分(如触点与线圈)画在一起,文字符号、元件连接顺序电路号码编制必须与电气原理图一致,图2-3为轨行区某动力装置的电气控制系统接线图。

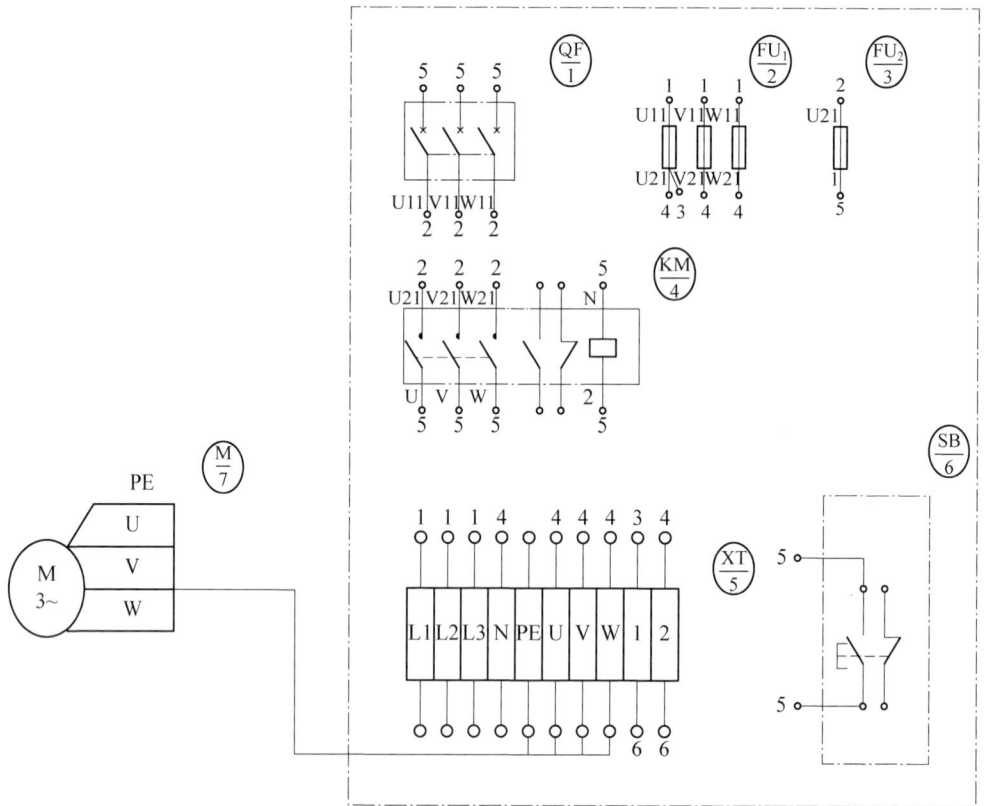

图2-3　轨行区某动力装置的电气控制系统接线图

　　绘制接线图的一般流程如下。

（1）在电路图上，定义并标注每一根导线的线号，其中主电路的线号一般采用字母加数字的方式标注，字母为该导线所在的相线代号（U、V、W），数字为该导线的编号；控制电路的线号采用数字标注。在具体标注时，每经过一个元器件就改换一种线号。

（2）根据元器件不同的安装部位绘制元器件的外框。在外框右上角标注该器件的文字符号及编号，编号应该处于文字符号的底部。

（3）在元器件连接导线的导线侧标注导线的线号，并且在线端标注导线的方向。

（4）根据导线的线号和方向合理规划路径，连接导线。

2.1.2　电路图识读

1. 电路图识读要点

（1）结合电工电子课的基础知识进行识读。电路图反映的是电气控制逻辑，必须具备基础的电工电子理论知识，比如交直流符号、电动机启动及接线方式、逆变及整流的含义等等。

（2）结合配电设备图样说明识读。在进行电路图识读时，必须明确电路图的设计内容，以此了解总体情况。

（3）结合设备内部元器件的结构及工作原理进行识读。必须以了解元器件结构及工作原理为基础识读电路图，从而能更好理解电路的工作原理。

（4）结合经典电路进行识读。为了实现某些电气控制功能，电气图有许多经典电路，例如，闪烁灯、红绿灯变换、自锁电路、互锁电路等。有些复杂控制电路往往是由这些简单电路组合而成，因此掌握经典控制电路有利于识读复杂电路。

2. 电路图识读步骤

（1）区分主电路、控制电路，然后按照先主电路，后控制电路的顺序识读。

（2）在识读电路图时，一般按照从下往上看，即先明确负载类型、控制器件种类，再看电源。经过主电路的识读，应明确电源形式，元器件作用及负载工作及保护的方式。

（3）在识读控制电路时，一般按照从上往下、从左往右的顺序。即从电源端开始，依次看各控制回路，分析各回路中元器件的作用及其对主电路的控制关系。通过控制电路的识读，明确电路的构成，各元器件之间的控制关系及电路通断的条件，以此明确控制电路对主电路的控制形式。

（4）如果电路中包含了照明电路、信号指示电路、保护电路等辅助电路，则通过对这些电路的识读，可明确照明电路的控制形式、信号指示电路的作用、保护电路的保护对象及动作原理等。

（5）将主电路、控制电路及辅助电路的识读结果进行汇总整理，分析用电设备在控制电路的不同状态下的运行情况，进而判断主令电器状态的改变对用电设备的影响，以及用电设备和各元器件发生故障时整个电路的状态，从而判断整个电路的功能及工作原理。

3. 电路图识读方法

以图 2-1 为例，介绍电路图的识读方法。

1) 识读主电路

（1）该电路的用电设备为一台三相异步电动机 M，可以从该主电路中看到该电机的额定功率为 4 kW，额定转速为 1440 r/min。有些电路中的负载可能不止一个，比如有数台驱动电机，或者有电热器等。在进行主电路识读时，要清楚负载设备的类型、数量、接线、启动方式等。

（2）看用电设备的控制器件。沿着电动机的电源接线端向上，是交流接触器 KM 的 3 对主触点，分别控制电动机的三相电源线的通断，且标明了 KM 线圈位于电路图的 3 区。

头脑 风暴

　电路控制器件除了接触器外，还有哪些可作为控制器件？

（3）看其他元器件。在主电路最上方，设置着熔断器 FU，用于进行短路保护。在实际电路中，往往还会使用热继电器对电机进行过载保护。

小组讨论

　　熔断器、热继电器、断路器都是保护器件，在进行过载保护、短路保护或者过欠压保护时，可否随意选取上述器件？

2) 识读控制电路

（1）查看控制电路电压等级。在该电路图中，控制电路是由三相电源线中的某一相引入的，另一端则接至 N 相，因此，该控制电路的工作电压为 220 V。

小组讨论

　　控制电路工作电压若为 380 V 时，则应如何接线？

（2）按照电路布局，从上往下、从左往右依次识读控制电路的各条支路，分析每条支路的工作原理，弄清每个控制器件的作用。在该电路图中，控制电路仅有一个支路，控制器件有熔断器、按钮和线圈。其中熔断器用于控制电路的短路保护，按钮用于接通和分断控制电路，线圈则用于控制接触器的主触点动作，从而控制电动机的启停。

2.1.3　接线图的识读

接线图是根据电路图绘制而成的，所以必须结合电路图进行识读，同时注意以下事项。

（1）分析电路图中各元器件的动作原理，明确控制器件与主电路之间的关系。

（2）明确电路图与接线图之间各元器件的对应关系。电路图是根据电路的工作原理绘制的，而接线图是根据配电设备实际接线情况绘制的，两种图的绘制方法存在差异。例如，信号机中的接触器，它的线圈和触点在电路图中是分离的，但在接线图中是在一起的。因此,在识读时,要将两者对应起来,以免出现差错。

在实际接线情况下,往往先进行控制电路的接线,再进行主电路的接线,一来,可以避免主电路和控制电路混杂;二来,完成控制电路的接线后可以先验证功能是否可以实现,避免主电路烧毁。

任务实施

指导老师将准备好的电梯负载配电箱、地铁照明配电箱、消防配电箱、动力配电箱进行编号。各组学生轮流对某一个编号配电箱进行观察,经过观察后,依据该配电箱特点及电路,将配电箱名称及电路图、布置图绘制至表 2-1 中。

表 2-1 配电箱观察记录表

编号	名称	电路图	布置图

任务评价

指导老师按照各学生提交的配电箱观察记录表进行评价,并将评价结果记录至表 2-2。学生结合自身表现和指导老师评价,对此次任务实施进行总结。

表 2-2 任务实施评价表

评价项目	评价标准	满分	实际得分	备注
操作技能	(1) 配电箱特点识别正确; (2) 配电箱名称正确; (3) 线路图绘制规范、正确; (4) 布置图绘制规范、正确	80		
参与程度	全程认真参与,过程中善于发现问题,积极沟通交流	10		
合作意识	(1) 积极参与小组合作探讨,勇于接受小组任务,敢于承担责任; (2) 小组分工明确,各组员取长补短	10		
总分		100		

？ 思考与练习

（1）电气图主要有哪些类型？

（2）如何确定控制电路的工作电压？

（3）接线图与电路图的区别是什么？

任务 2.2　电气控制经典控制线路

任务准备

本任务要求学生掌握自锁控制电路、互锁控制电路、正反转控制电路和多点控制电路等控制线路的接线,前期准备工作如下:

(1) 指导老师准备导线、剥线钳、螺丝刀、断路器、熔断器、接触器、热继电器、电动机等工具器件,并将学生分组,下达任务。各组学生根据任务制订计划书,明确学习目标及组内分工等内容;

(2) 根据分工,各组学生查阅资料,了解自锁控制电路、互锁控制电路、正反转控制电路和多点控制电路的实现方法及原理;

(3) 根据任务计划书学习相关知识,各组学生实施任务。

2.2.1　自锁电路

如图 2-4 所示电路,按钮 SB1 是自愈式按钮。按下按钮,中间继电器 KA1 线圈通电,常开触点闭合,指示灯 HL 点亮。随着 SB1 松开,指示灯也随之熄灭,这样的电路称为点动电路。在很多场合,我们希望按下按钮 SB1 后,指示灯能一直点亮,不需要 SB1 保持按压状态,能实现这样功能的电路被称为自锁电路。

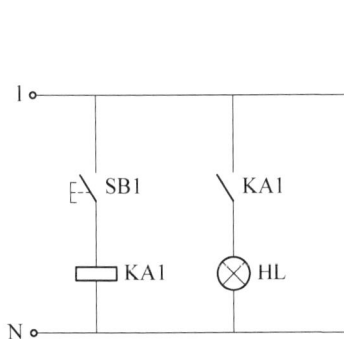

图 2-4　点动电路图　　　　　　图 2-5　自锁电路图

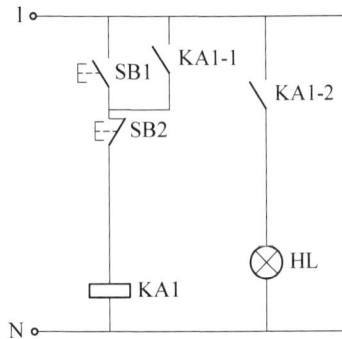

如图 2-5 所示,为了实现自锁功能,电路中在自复式按钮旁边并联了一个继电器的常开触点。当按下按钮 SB1 后,线圈 KA1 得电,常开触点 KA1-1、KA1-2 闭合,HL 点亮。当松开按钮 SB1 后,由于 KA1-1 处于闭合状态,因此指示灯继续点亮,直到按下停止按钮 SB2。

2.2.2 互锁电路

城市轨道交通中,在排列进路时,互为敌对进路的信号灯不能同时开放,因此,在设计电路时要加互锁结构。所谓互锁,指当某一路导通时,互锁的另一路就不可能导通。

如图2-6所示,将两个自锁电路关联,并且将各自的继电器常闭触点串联至对方电路的继电器线圈回路中。在这种设计下,当其中一条支路通电时,另一条支路因常闭触电断开从而无法让对应线圈得电,这种电路称为互锁电路。起互锁作用的常闭触点称为互锁触点。

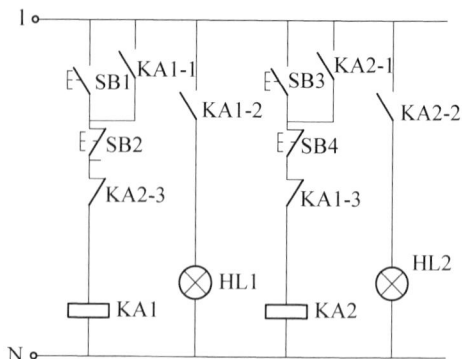

图 2-6 互锁电路图

2.2.3 正反转控制电路

在实际应用场景中,常常需要部件灵活改变运动方向。例如,站厅内的屏蔽门,列车进站时要快速打开,方便乘客上车;离站时得迅速关闭,保障行车安全。闸机扇门的开合,站内电梯的上升、下降等,这就意味着,要保证这些部件的正常运作,电动机必须能实现正转和反转。

如图2-7所示,假设KM1为控制屏蔽门关闭的接触器线圈,KM2为控制屏蔽门开启的接触器线圈。在电气图主电路中,KM1与KM2均接至电动机进线端,但三相相序中有

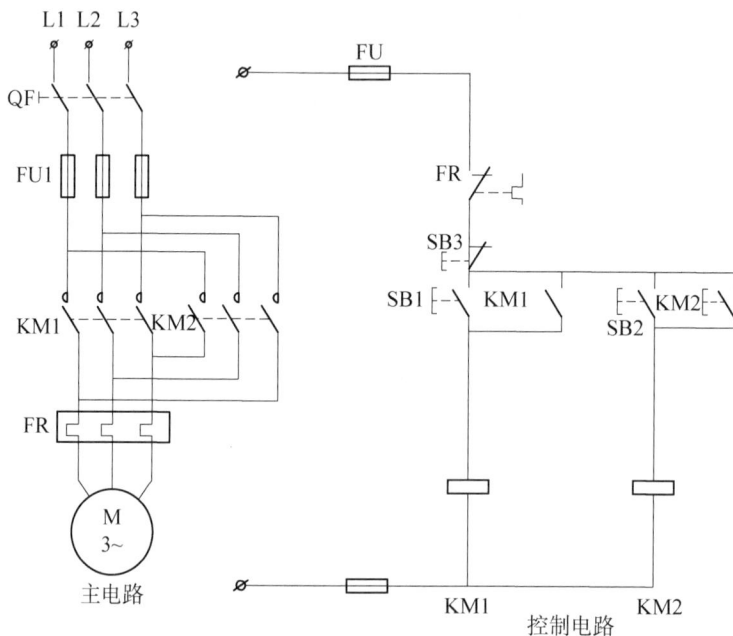

图 2-7 正反转电路图

两相反接,以此实现屏蔽门的开合。

在实际情况下,考虑线路连接时,正转和反转两种情况在主电路中有短路的风险,为了避免这种短路风险。因此,在控制电路中,常常需要在正反转线圈前部增加互锁设计,以确保两路不会被同时接通。

2.2.4　多点控制电路

对于大多数车站设备而言,就地级控制、车站级控制和远程控制是常备的三级控制。换言之,车站设备一般具备多地控制的属性(多地控制之间有优先级)。实现多地控制的方法如图 2-8 所示。

视频　正反转
控制电路

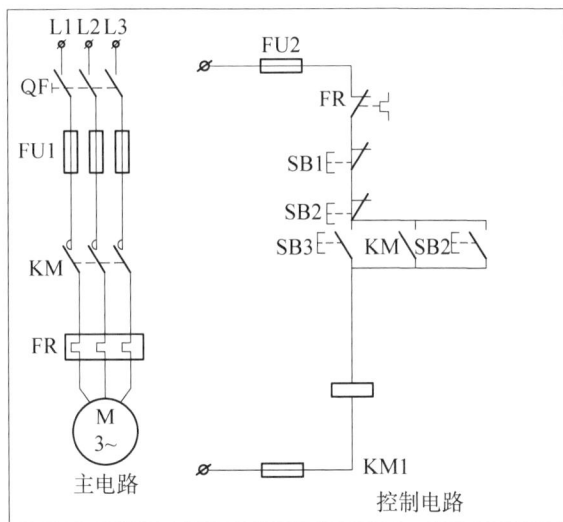

图 2-8　多点控制电路图

在此控制电路中,假设 SB3 为就地级控制按钮,SB2 为车控室控制按钮,无论操作哪个按钮,都可以使屏蔽门等车站设备工作。实际情况下,为了展现优先级,还应单方增加联锁装置。

任务实施

各组学生根据指导老师将随机指定的自锁控制电路、互锁控制电路、正反转控制电路和多点控制电路中的一个或者数个,利用各类工器具及元器件完成接线工作,并展示控制效果。

任务评价

按照各学生完成的线路及控制效果的展示,指导老师进行评价,并将评价结果记录至表 2-3 中。结合自身表现和指导老师评价,学生对此次任务实施进行总结。

表 2-3 任务实施评价表

评价项目	评 价 标 准	满分	实际得分	备注
操作技能	(1) 线路接线正确; (2) 控制效果能够实现; (3) 接线过程高效; (4) 任务过程及完成后工器具定置摆放,工位整洁	80		
参与程度	全程认真参与,过程中善于发现问题,积极沟通交流	10		
合作意识	(1) 积极参与小组合作探讨,勇于接受小组任务,敢于承担责任; (2) 小组分工明确,各组员取长补短	10		
总分		100		

思考与练习

(1) 什么是自锁电路,什么是互锁电路?

(2) 设计一个既有点动控制,又有长动控制的电路。

(3) 部分车控室内的控制按钮增加延迟启动的意义是什么?

任务 2.3　城市轨道交通电气控制线路的逻辑代数分析方法

任务准备

本任务要求学生掌握电气控制线路的逻辑代数分析方法,前期准备工作如下:

(1) 指导老师准备数份电气线路图,并将学生分组,下达任务。各组学生根据任务制订计划书,明确学习目标及组内分工等内容;

(2) 根据分工,各组学生查阅资料,了解电气控制线路的逻辑代数分析方法的概念和如何用其实现电路表示;

(3) 根据任务计划书学习相关知识,各组学生实施任务。

2.3.1　概述

逻辑代数又叫布尔代数或开关代数,它是一种解决逻辑问题的数学方法,其变量只有"1"和"0"两种取值。这里的"1"和"0"不是表示数量的大小,而是表示两种不同的逻辑状态。如果"1"代表"真",则"0"为"假";"1"代表"高",则"0"为"低"。在电气控制线路中,线圈只有"得电"和"失电"两种状态,触点也只有"闭合"和"断开"两种状态,因此逻辑代数是分析和设计电气控制线路不可缺少的数学工具。

2.3.2　电气元件的逻辑表示

在电气控制线路中,通常接触器、继电器、按钮、行程开关的触点都是串联、并联或混联结构,均可用逻辑代数表示。一般规定如下:

(1) 用原变量 KM、KA、SQ…分别表示接触器、继电器、行程开关等电气元件的常开/动合触点,用反变量 $\overline{KM}$、$\overline{KA}$、$\overline{SQ}$…表示常闭/动断触点。

(2) 触点闭合时逻辑状态为"1",断开时逻辑状态为"0"。线圈通电状态为"1",线圈断电状态为"0"。

2.3.3　电路状态的逻辑表示

在电路中,触点的串联关系可用逻辑"与"的关系表示,即逻辑乘(·)。触点的并联用逻辑"或"的关系表示,即逻辑加(+)。

2.3.4　代数分析

以自锁电路为例(见图 2-5),分析按下 SB1 时线圈的状态。

(1) KA1 线圈状态逻辑表达式为 $f(KA1) = \overline{SB2} \cdot (SB1 + KA1 - 1)$

(2) 当按下 SB1 时，$SB1 = 1$，$\overline{SB2} = 1$，所以 $f(KA1) = 1 \cdot (1 + KA1 - 1) = 1$，即线圈通电。

任务实施

指导老师按照学生的分组序号，依次提问逻辑代数相关概念。根据指导老师随机指定的电气线路图，各组学生用相应的逻辑代数表示其不同的状态。

任务评价

根据学生提交的逻辑代数，指导老师评价其知识掌握情况，并将评价结果记录至表 2-4。结合自身表现和指导老师的评价，学生对本次任务的实施过程进行总结。

表 2-4 任务实施评价表

评价项目	评 价 标 准	满分	实际得分	备注
操作技能	(1) 理解逻辑代数概念； (2) 能够正确用逻辑代数表达电气图中的状态	80		
参与程度	全程认真参与，在过程中善于发现问题，积极沟通交流	10		
合作意识	(1) 积极参与小组合作探讨，勇于接受小组任务，敢于承担责任； (2) 小组分工明确，各组员取长补短	10		
总分		100		

思考与练习

(1) 如何使用器件字符号表示常开和常闭触点？

(2) 参考图 2-6，当按下启动按钮 SB1 时，请详细分析线圈 KA1 的状态变化。

任务 2.4　城市轨道交通电动机负载控制电路

> **任务准备**

本任务要求学生掌握城市轨道交通带电机负载启动的线路特点,学会典型的两种降低启动电流的控制线路方法,前期准备工作如下:

(1) 指导老师准备电动机、导线、元器件、剥线钳等工具,并将学生分组,下达任务。各组学生根据任务制订计划书,明确学习目标及组内分工等内容;

(2) 根据分工,各组学生查阅资料,了解能使电动机等负载在启动时降低电流的控制方法;

(3) 根据任务计划书学习相关知识,各组学生实施任务。

2.4.1　概述

在城市轨道交通中,有些设备是由电动机进行驱动的,如轨旁转辙机等。电动机接通电源后由静止状态逐渐加速到稳定运行状态的过程,称为电动机的启动。以用的较多的 S700K 型转辙机为例,驱动机构为三相笼型异步电动机,该电机有全压启动和降压启动两种方式,若将额定电压直接加到电动机定子绕组上,使电动机启动,称为直接启动或全压启动。全压启动所用电气设备少,电路简单,但启动电流大,会使电网电压降低而影响其他电气设备的稳定运行。因此,在使用容量较大的电动机时,建议采用降压启动,以减小启动电流。判断一台交流电动机采用直接启动的依据,可按照经验公式 $\dfrac{I_{st}}{I_N} \leqslant \dfrac{3}{4} + \dfrac{S}{4P_N}$ 确定。

式中:I_{st}——电动机启动电流;

　　I_N——电动机额定电流;

　　S——电源容量;

　　P_N——电动机额定功率。

若满足此条件可全压启动,否则建议降压启动。通常电动机容量不超过电源变压器容量的 15% ~ 20% 时或电动机容量较小时(10 kW 以下),允许全压启动。

2.4.2　三相交流异步电动机降压启动控制电路

因启动电流较大,一般异步电动机采用降压启动。启动时,降低加在电动机定子绕组上的电压,待电动机启动后,再将电压恢复到额定值,使之在额定电压下运行,常用的降压启动方式有 Y—△降压启动、定子串电阻降压启动和自耦变压器降压启动。

1. Y—△降压启动控制电路

正常运行时,定子绕组接成三角形的笼型异步电动机,可采用 Y—△降压启动方式达到限制启动电流的目的。在电动机启动时,定子绕组接成星形至启动即将完成时再接成三角形运行。图 2-9 是 Y—△降压启动控制电路,其主电路有三组接触器,其中两组的主触点分别将电动机定子绕组接成星形和三角形。

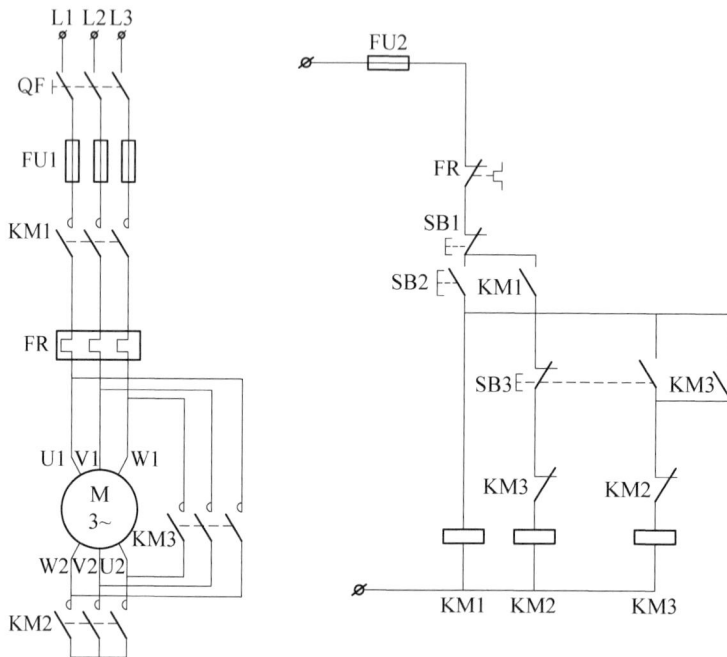

图 2-9　Y—△降压启动控制电路

Y—△降压启动控制电路工作原理如下:合上电源开关 QF,按下启动按钮 SB2,使 KM1 得电并自锁,随即 KM2 得电,电动机接成星形,接入三相电源进行降压启动。渡过启动时间后,按下 SB3,KM3 得电的同时 KM2 线圈断电,电动机绕组实现三角形联结,进入全压启动阶段。

2. 定子串电阻降压启动控制电路

图 2-10 是定子串电阻降压启动控制电路。电动机启动时,在三相定子绕组中串接电阻,使定子绕组上电压降低,启动结束后再将电阻短接,使电动机在额定电压下运行。这种启动方式不受电动机接线方式的限制,设备简单,因此,在城市轨道交通轻型负载中会采用该方式驱动。但是,由于需要启动电阻,使控制柜体积增大,电能损耗大,对于大容量电动机往往采用串电抗器实现降压启动。

电路工作原理如下:合上电源开关 QF,按下启动按钮 SB2,KM1 得电并自锁,电动机串电阻 R 启动;当渡过启动阶段后,按下按钮 SB3,KM2 得电的同时,KM1 失电,电阻 R 被短接,电机全压运行。

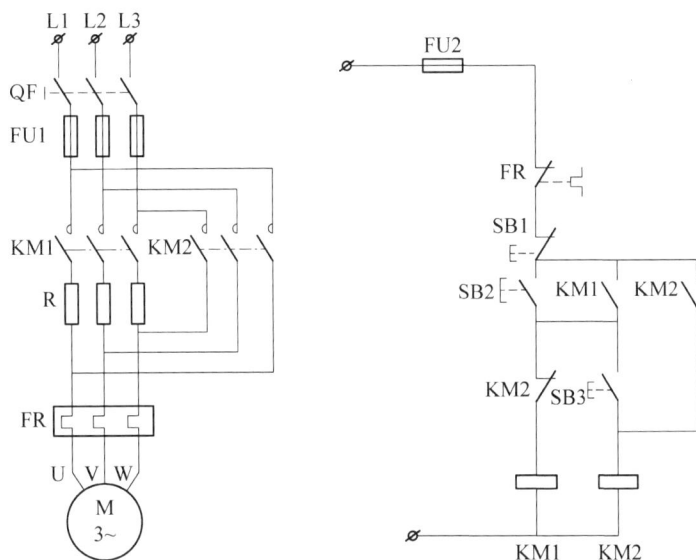

图 2-10　定子串电阻降压启动控制电路

任务实施

指导老师按照学生分组,依次考核典型的两种降低启动电流的控制方法的区别及特点,并随机指定 Y—△降压启动控制电路与定子串电阻降压启动控制电路中的一种,让学生完成控制电路的接线并展示效果。

任务评价

根据学生对两种降低启动电流的控制电路的描述以及各自的电路接线情况、效果展示,指导老师进行评价,并将评价结果记录至表 2-5。结合自身表现和指导老师评价,学生对此次任务实施进行总结。

表 2-5　任务实施评价表

评价项目	评 价 标 准	满分	实际得分	备注
操作技能	(1) Y—△降压启动控制电路描述正确; (2) 定子串电阻降压启动控制电路描述正确; (3) 线路接线过程正确; (4) 有控制效果展示	80		
参与程度	全程认真参与,过程中善于发现问题,积极沟通交流	10		
合作意识	(1) 积极参与小组合作探讨,勇于接受小组任务,敢于承担责任; (2) 小组分工明确,各组员取长补短	10		
总分		100		

？ 思考与练习

（1）Y—△降压启动控制电路与定子串电阻降压启动控制电路有何区别？

（2）图 2-9 启动过程是需要手动操作的，如何利用时间继电器，实现自动切换，试画出控制电路。

（3）定子串电阻降压启动有何优缺点，适用于哪些控制场合？

任务 2.5　轨道交通电气控制线路设计基础

任务准备

本任务要求学生初步掌握电气控制线路基础的设计方法,具备能够实现简单功能的电气线路设计能力,前期准备工作如下:

(1) 指导老师准备数个功能需求及实现这些需求所需的元器件、接线工具,然后将学生分组,下达任务。各组学生根据任务制订计划书,明确学习目标及组内分工等内容。

(2) 根据分工,各组学生查阅资料,初步掌握电气控制线路设计的一般方法。

(3) 根据任务计划书学习相关知识,各组学生实施任务。

2.5.1　轨道交通电气控制线路设计方法

1. 设计方法

在城市轨道交通中,电气设计方法主要有一般设计法与逻辑设计法。

一般设计法,通常是根据城市轨道交通中设备的控制要求,利用各种典型的控制环节,直接设计出控制线路,因此,该方法又叫经验设计法。

逻辑设计法,通常指根据城市轨道交通的目的,利用逻辑代数来分析、设计线路的方法。

2. 设计步骤

与大多数生产线企业类似,城市轨道交通中的配电设备的线路设计也按照一定的步骤进行。

(1) 根据城市轨道交通所需线路的要求,画出功能流程图。

(2) 确定适当的基本控制环节。对于某些控制要求,用一些成熟的典型环节来实现。

(3) 根据站厅或轨行区等线路需求逐步完善线路的控制功能,并适当配置联锁和保护等环节,形成满足控制要求的完整线路。

(4) 在进行具体线路设计时,一般先设计主电路,再设计控制电路、信号电路、局部特殊电路等。

3. 控制方案确定的原则

设备的电气控制方法很多,有继电器接点控制、无触点逻辑控制、可编程序控制器控制、计算机控制等。总之,合理地确定控制方案是实现简便可靠、经济适用的控制系统的重要前提。控制方案的确定,应遵循以下原则:

(1) 控制方式与负载需要相适应。控制方式并非越先进越好,而应该以经济效益为标准。控制逻辑简单,动作固定的负载,采用继电器接点控制方式较为合理;对于复杂动作程序或控制逻辑复杂的设备,则采用可编程序控制器较为合理。

(2) 控制方式与通用化程度相适应。通用化是指运动控制不同对象的通用化程度。它与自动化是两个概念,对于某些单一运动的设备,它的通用化程度很低,但它可以有较高的自动化程度,这种设备宜采用固定的控制电路;对于单件、小量运动较为复杂的设备,则采用数字程序控制,或采用可编程序控制器控制,因为它们可以根据不同需求而设定相应的加工程序,因而有较好的通用性、灵活性。

(3) 控制电路的电源应可靠。简单的控制电路可直接用电网电源,元器件较多,电路较复杂的控制装置,可将电网电压隔离降压,以降低故障率。对于自动化程度较高的生产设备,可采用直流电源,这有助于节省安装空间便于同无触点元件连接,元件动作平稳,操作维修也较安全。

2.5.2　轨道交通电气控制线路设计注意事项

在进行线路设计时,不仅需要满足控制需求,而且应考虑成本最小化及效率等问题,因此在进行线路设计时,应注意以下事项。

(1) 尽量减少控制电源种类及用量。当控制线路比较简单的情况下,可直接采用电网电压;当控制系统所用电器数量比较多时,应采用控制变压器降低控制电压,或采用直流低电压控制。

(2) 尽量减少电器元件的品种、规格与数量,同一用途的器件尽可能选用相同品牌、型号的产品。注意收集各种电器新产品资料,以便及时应用于设计中,使控制线路在技术指标、先进性、稳定性、可靠性等方面得到进一步提高。

(3) 在控制线路正常工作时,除必要的必须通电的电器外,尽可能减少通电电器的数量,以利节能,延长电器元件寿命且减少故障。

(4) 在进行线路设计时,应尽可能减少触头使用数量,以简化线路。如图 2-11 所示的四个线路中,均存在触点使用过多、线路未简化的现象,这样的线路会使成本增高且加大了线路故障的风险。可将此四个线路进行优化,将相同功能的触点进行合并,精简优化后的线路如图 2-12 所示。

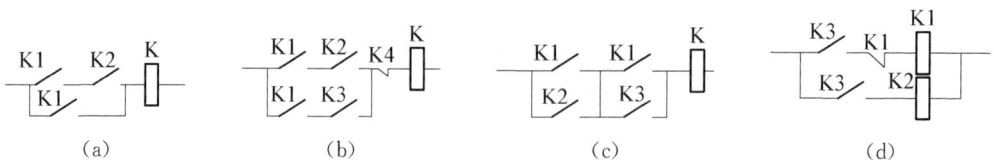

图 2-11　未优化的控制线路

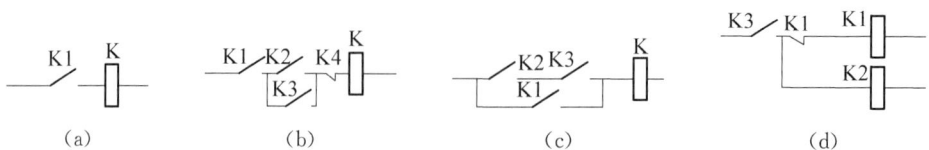

图 2-12　优化后的控制线路

（5）尽量避免许多电器的触点依次接通后才能接通另一电器的控制线路。如图 2-13（a）所示,线路目的是通过闭合 K1、K2、K3 分别实现线圈 K1、K2、K3 得电,此线路进行设计时,存在 K2 的闭合需要先将 K1 闭合的情况,而 K3 的闭合又需要 K2 的闭合,因此可以将线路简化为如图 2-13（b）所示控制线路。

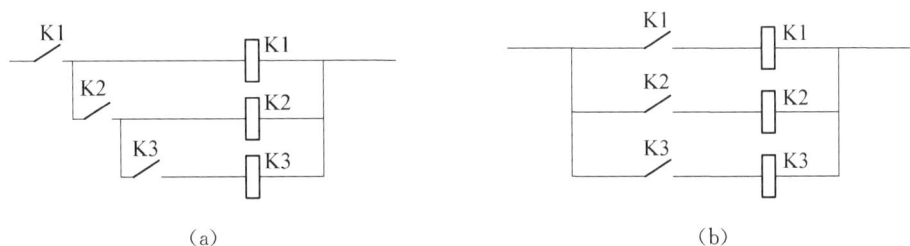

图 2-13　多电器的触点控制电路

（6）应合理安排电器元件及触点的位置。在站厅屏蔽门的开关中常用到行程开关,如果行程开关触点如图 2-14（a）这种接法,则既不安全又使接线复杂。因为行程开关 SQ 的常开、常闭触头靠得很近,在此种接法下,由于不是等电位,在触头断开时产生的电弧很可能在两触点间形成飞弧而造成电源短路,很不安全,而且这种接法控制柜到现场要引出四根线,很不合理。设计线路经过优化后,如图 2-14（b）所示。

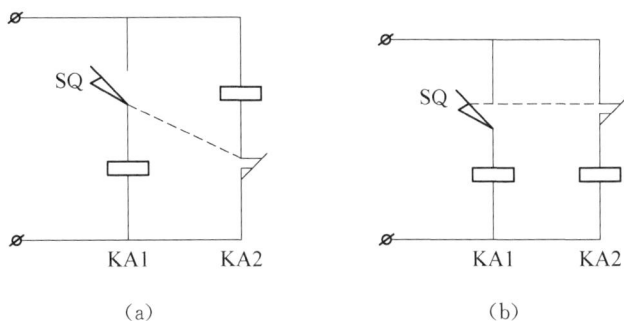

图 2-14　触点位置优化控制电路

任务实施

指导老师向各学生小组随机分配功能需求,各组学生根据分配的功能需求进行线路设计,画出电气图并完成接线。

任务评价

根据分配的功能需求设计的电气线路以及接线完成情况、效果展示,指导老师对各组学生进行综合评价,并将评价结果记录至表 2-6 中。结合自身表现和指导老师评价,学生对此次任务实施进行总结。

表 2-6 任务实施评价表

评价项目	评 价 标 准	满分	实际得分	备注
操作技能	(1) 功能需求理解正确； (2) 线路设计规范、功能齐全； (3) 效果展示正确； (4) 任务实施过程及结束后工器具定置摆放	80		
参与程度	全程认真参与,过程中善于发现问题,积极沟通交流	10		
合作意识	(1) 积极参与小组合作探讨,勇于接受小组任务,敢于承担责任； (2) 小组分工明确,各组员取长补短	10		
总分		100		

? 思考与练习

(1) 对于城市轨道交通内有电机驱动的设备,为了使启动平稳,除了星三角形启动与串入电阻启动,还有哪些方法可以减小启动电流,保护线路安全稳定?

(2) 对于用按钮控制的驱动电路,按钮的接线位置可否一部分在线圈之前,一部分在线圈之后,为什么?

(3) 试设计一个车站屏蔽闭延时关闭的控制电路图,要求有短路、过载保护功能。

项目 3　城市轨道交通变压器

📑 **项目导读**

城市轨道交通供电系统是个非常复杂的系统，系统中包含主变电所、牵引变电所和降压变电所。其中，主变电所从电网取电，主要起接受、改变电能形式和分配电能的作用；牵引变电所负责从主变电所取电，并把电能转换成所要求的形式，主要起接受、整流、分配的作用，负责向动车组供电；降压变电所也是从主变电所获取电能，降压后向动力照明、信号等系统供电。不同种类的变电所内有不同的变压器，为了解城市轨道交通供电系统，就必须对变压器有所了解。目前城市轨道交通内使用的变压器从结构上主要有干式变压器和油浸式变压器，此项目就对这两类变压器进行全面介绍。

🔱 **学习目标**

（1）掌握变压器的作用与工作原理。

（2）学会变压器铭牌的识读。

（3）熟悉干式变压器与油浸式变压器的结构与应用场景。

任务 3.1　变压器工作原理及结构参数

▶ **任务准备** ◀

本任务要求学生掌握变压器的工作原理，会识读变压器的铭牌，会计算变压器的相关运行参数，掌握同心式和交叠式铁芯的特点。前期准备工作如下：

（1）指导老师提前准备不同类型变压器铭牌及制作铁芯用硅钢片，并将学生分组，下达任务。各组学生根据任务制订计划书，明确学习目标及组内分工等内容。

　　(2) 根据分工,各组学生查阅资料,整理变压器的不同种类及工作原理。

　　(3) 根据任务计划书学习相关知识,各组学生实施任务。

3.1.1　变压器的工作原理

　　城市轨道交通车辆一般需要直流 1500 V 供电,而车站站厅及轨行区内的用电负载大多需要交流 380 V 供电。城市轨道交通内所有电能均来自电网,为了使车辆及其他用电设备正常运作,城市轨道交通内设置了主变电所、牵引变电所和降压变电所。

　　变电所的核心设备是变压器,它可以将一种电压的电能转换为另一种电压的电能。按照不同的分类方式,变压器可以分为电力变压器、整流变压器、测量及仪表用变压器、升压变压器、降压变压器、配电变压器、油浸式变压器和干式变压器等。

　　变压器的工作原理如图 3-1 所示。

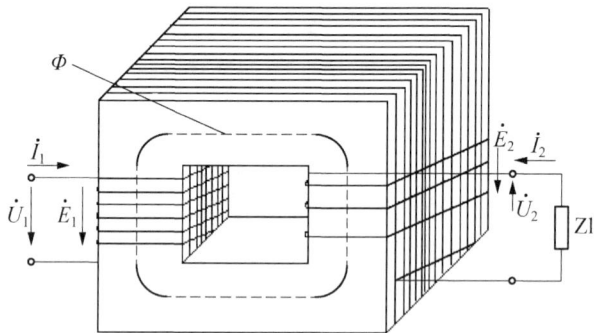

图 3-1　变压器的工作原理示意图

　　变压器一般有一个铁芯和两个绕组。铁芯提供磁通的闭合路径。两个绕组分别是一次绕组 N_1 和二次绕组 N_2。当一次绕组接交流电压时,一次电流 I_1 在铁芯中产生一个交变的主磁通 Φ。Φ 在两个绕组中分别产生感应电动势 E_1 和 E_2,$E_1 = -N_1 \dfrac{\mathrm{d}\Phi}{\mathrm{d}t}$,$E_2 = -N_2 \dfrac{\mathrm{d}\Phi}{\mathrm{d}t}$。

　　忽略绕组电阻及压降,则 $\dfrac{U_1}{U_2} = \dfrac{-E_1}{-E_2} = \dfrac{N_1}{N_2} = k$,$k$ 定义为变压器的电压比。

小组讨论

　　为了实现主副变电压的大跨度转换,可否用单台变压器直接通过大比例匝数比来一次性实现?

3.1.2　变压器的类型

变压器分类方式较多,例如可按照相数、绕组数目、铁芯形式和冷却方式等特征分类。其中,按冷却方式划分,有干式变压器和油浸式变压器,因轨道交通多采用这两种,特别是干式变压器,故本课程主要介绍这两种变压器。

3.1.3　变压器的结构及参数

1. 变压器的结构

变压器的主要部件是绕组和铁芯,即电路部分和磁路部分。除了电路和磁路这两个主要组成部件外,一般变压器还带有油箱、冷却装置、绝缘套管、调压和保护装置等部件。

变压器的铁芯形式有心式和壳式两种,心式又称内铁式,壳式又称外铁式,如图 3-2 所示。心式铁芯结构工艺简单、应用广泛,壳式铁芯结构用在小容量变压器和电炉变压器中。一般来说,对于绝缘、散热、修理方面,心式变压器较佳;对于压制应力方面,壳式变压器占有优势。高电压系统宜采用心式,中压大电流宜采用壳式。

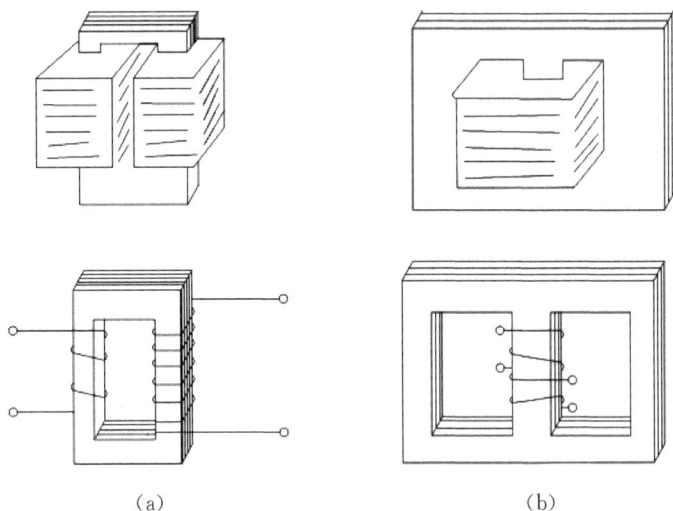

(a)　　　　　　　　　　　　　　　(b)

图 3-2　铁芯的心式结构和壳式结构

(a)心式;(b)壳式

变压器铁芯材料一般由 $0.35\,\mathrm{mm}$ 或 $0.5\,\mathrm{mm}$ 厚度的硅钢片叠成。这是由于太厚的硅钢片容易引起较大的涡流,产生铁芯发热现象,而太薄的硅钢片会由于绝缘层占的比例过高而影响磁通量,并且硅钢片越薄生产成本会随之增加。对于硅钢片的厚度,一般取到一个能有效散热的值,就是涡流产生的热量能有效地散出去即可。铁芯交叠时,相邻层按不同方式交错叠放,将接缝错开。偶数层刚好压着奇数层的接缝,从而减少了磁阻,便于磁通流通。需要注意的是,铁芯叠片只允许一点接地。如果两点或两点以上接地,则在接地点之间可能会形成闭合回路。当主磁通穿此回路时,就会产生循环电流,造成局部过热事故。

铁芯一般用绝缘扁铜线或圆铜线在绕线模上绕制而成。绕组套装在变压器铁芯柱上低压绕组在内层,高压绕组套装在低压绕组外层,以便于绝缘。绕组通常采用绝缘铜线绕制而成,有时候也用铝线。匝数多者为高压绕组,匝数少者为低压绕组。按高压绕组和低压绕组排列位置的不同,又分为同心式和交叠式,交叠方法如图 3-3 所示。

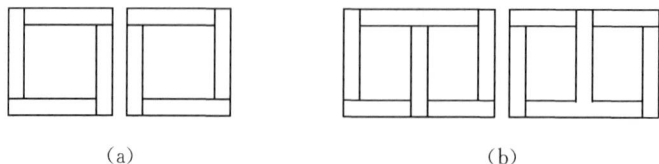

图 3-3　硅钢片奇偶层叠法
(a)同心式;(b)交叠式

2. 变压器的参数

1) 额定电压 U_{1N} 和 U_{2N}

额定电压是指变压器长时间运行,所能承受的工作电压(铭牌上的 U_N 值),是指调压分接开关在中间分头时的额定电压,单位为 V 或者 kV。U_{1N} 为正常运行时,一次侧应施加的电压。U_{2N} 为二次侧额定电压,它是二次侧处于空载状态时的电压。三相变压器中,额定电压指的是线电压。当降压变压器在电源电压不为额定值时,一般可通过在高压侧的分接开关接入不同的位置来调节低压侧电压。

为了保证电压波动在一定范围,就必须调压。采用改变变压器绕组匝数进行调压是最常用的一种方式。调压方式有两种,一是无励磁调压,另一种是有载调压。无励磁调压是指切换分接头,变压器必须不带电的调压方式,而有载调压就是在保证不切断负荷的情况下,由一个接头调换到另一个接头。

2) 额定容量 S_N

额定容量指变压器在出厂时铭牌标定的额定电压、额定电流下连续运行时能输送的容量,单位为 V·A、kV·A、MV·A。S_N 为变压器的视在功率。通常把变压器一、二次侧的额定容量设计为相同值。额定容量对变压器的结构和性能参数影响很大。变压器的额定容量也与电压等级密切相关。一般情况下,电压高,容量大;电压低,容量小。

3) 额定电流 I_N

额定电流 I_{1N} 和 I_{2N} 额定电流是在额定容量 S_N 和允许温升条件下,变压器允许长期通过的工作电流,在三相变压器中均代表线电流,单位为 A、kA。

对单相变压器:$I_{1N}=\dfrac{S_N}{U_{1N}}$,$I_{2N}=\dfrac{S_N}{U_{2N}}$;

对三相变压器:$I_{1N}=\dfrac{S_N}{\sqrt{3}U_{1N}}$,$I_{2N}=\dfrac{S_N}{\sqrt{3}U_{2N}}$。

任务实施

(1) 指导老师准备数张不同类型的变压器铭牌并进行编号。各组学生依次观察变压器铭牌,并记录信息,计算相应的参数填入表 3－1 中。

表 3－1　变压器铭牌参数记录表

编号	变压器型号	额定容量 S_N	额定电压(U_{1N}/U_{2N})	额定电流 I_N
1				
2				
3				

(2) 指导老师准备相当数量的硅钢片及绝缘缠带,要求学生分别制作同心式和交叠式的铁芯。

任务评价

按照各学生提交的参数记录表和铁芯的制作情况,指导老师进行评价,并将评价结果记录至表 3－2。结合自身表现和指导老师评价,学生对此次任务实施进行总结。

表 3－2　任务实施评价表

评价项目	评 价 标 准	满分	实际得分	备注
操作技能	(1) 一、二次侧电压参数记录是否正确; (2) 型号、额定容量记录是否正确; (3) 额定电流计算是否正确; (4) 同心式、交叠式铁芯制作是否符合要求	80		
参与程度	全程认真参与,过程中善于发现问题,积极沟通交流	10		
合作意识	(1) 积极参与小组合作探讨,勇于接受小组任务,敢于承担责任; (2) 小组分工明确,各组员取长补短	10		
总分		100		

思考与练习

(1) 列举城市轨道交通范围内需要应用到变压器的场所及其所起的作用。

(2) 简述变压器一次侧与二次侧绕组与其感应电势的关系。

(3) 变压器的硅钢片是否越薄越好?

任务 3.2　油浸式变压器

　　本任务要求学生掌握油浸式变压器的结构部件,熟悉油浸式变压器的优缺点及适用场合。前期准备工作如下:

　　(1)指导老师需提前准备不同外形油浸式变压器的图片资料,并将学生分组,下达任务。各组学生根据任务制订计划书,明确学习目标及组内分工等内容。

　　(2)根据分工,各组学生查阅资料,了解油浸式变压器的优缺点及适用场景。

　　(3)根据任务计划书学习相关知识,各组学生实施任务。

3.2.1　油浸式变压器结构

　　油浸式变压器根据冷却方式的不同一般可分为自然冷却、风冷却、强迫油循环风冷却和强迫油循环水冷却。风冷却是指在散热器上安装风扇进行冷却。此外,对于大型变压器还采用强迫油循环风冷却、强迫油循环水冷却,在风冷却、水冷却的基本配置中还装有潜油泵,以促进循环,加速热量的散发。

1. 外部结构

　　如图 3-4 所示为油浸式变压器的外部结构,主要部件包含以下几个部分:

图 3-4　油浸式变压器外部结构

（1）箱体。箱体内部安装高低压绕组、铁芯、变压器油等装置，为整个变压器提供密闭环境和强度支撑。

（2）油位计。油浸式变压器油位计通常位于变压器顶部，用于观察油浸式变压器内部油量是否正常，通常油位计视窗显示蓝色标志表示变压器内部油量正常；如果视窗显示红色标志则表示油位异常，应当补充变压器油或者对该变压器进行检修。此外，为防止油浸式变压器因异常升温导致变压器油体积膨胀而发生危险，常在变压器顶部装设压力释放阀，当箱内变压器压力太高时启动，释放内部压力，防止发生危险。

（3）高低压接线端子。它也被称作高压和低压瓷瓶或套管，是连接外部高压线路和低压线路的接线端子。油浸式变压器的接线端子通常由陶瓷材料制成，以确保良好的绝缘性能和耐用性。

（4）吊拍。吊拍也称吊环，油浸式变压器会在箱体顶部中心四周分别安装吊拍或者吊环，根据作用的不同分为方吊芯吊环和箱体吊环。吊芯吊环主要是更换或检查变压器铁芯时使用，吊箱吊环是为了运输时装卸变压器使用。吊环或吊拍必须设计为能够安全承载至少 1.25 倍于变压器标明的静态重量。

（5）铭牌。油浸式变压器铭牌上标有该变压器的型号、制造商、变压器额定容量、频率、相数、冷却方式、联结组标号等信息，为后续维保人员快速获取变压器性能指标提供信息来源。

（6）放油活门。放油活门是油浸式变压器进行油品更换或过滤的出油口，一般设置在变压器底部，利用油自身重力作用排出变压器箱体，避免绝缘油受到二次污染。

（7）底脚。油浸式变压器为方便叉车装卸，通常在箱体底部安装底脚，该装置与吊拍一样，均以方便装卸和运输为目的而设置。底脚的设计要保证足够的强度，以支撑变压器的重量。

（8）接地装置。油浸式变压器的接地作用是向中性点不着地的系统提供人工中性点。配电网发生接地短路故障时，采用电弧关闭或小电阻接地方式，可以减少接地电流，提高配电系统供电的可靠性。

有的油浸式变压器还配备一个油枕，用于缓冲由于气温造成的变压器箱内油体积的热胀冷缩。

小组讨论

为什么油浸式变压器下方经常铺满鹅卵石？

2. 内部结构

如图 3-5 所示为油浸式变压器的内部结构，主要部件包含以下几个部分：

（1）铁芯。由很多 0.35 mm 或 0.5 mm 厚度的硅钢片叠成，构成了变压器的磁路部分，提高变压器转化效率并保证变压器内部结构强度。

（2）绕组。这里的绕组包含了高压绕组和低压绕组，为了提高油浸式变压器整体的绝

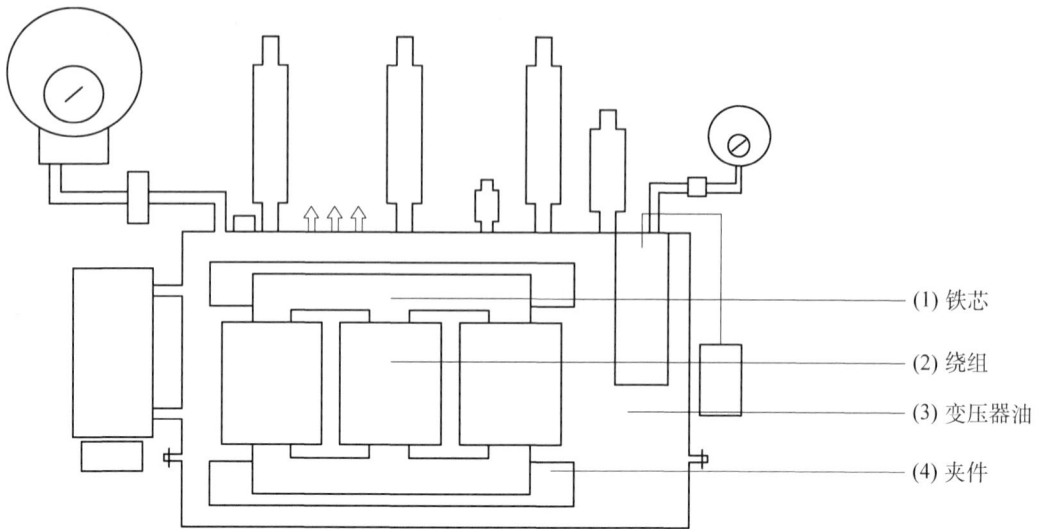

图 3-5　油浸式变压器内部结构

缘性能,通常先在铁芯上包裹绝缘层,把低压绕组绕至铁芯绝缘层外侧。低压绕组的外侧继续包裹绝缘层,再将高压绕组绕至绝缘层的外侧,最终包裹绝缘层。这样的结构绝缘强度高,防止绕组击穿。线圈和铁芯采用真空干燥,提高了油浸式变压器的防潮能力。

(3) 变压器油。采用真空滤油和注油工艺使其绝缘性能、热稳定性和抗氧化性满足特定的技术参数和要求,防止变压器内部发生电弧和短路现象。

(4) 夹件。夹件分为上夹件和下夹件,起到固定铁芯硅钢片的目的,减少磁漏,同时提高变压器铁芯、绕组的机械强度。

3.2.2　油浸式变压器性能要求

对于油浸式变压器,器身装在油箱内,油箱内充满变压器油。变压器油是一种矿物油,具有很好的绝缘性能,并且对变压器铁芯和绕组起散热作用。油箱有许多散热油管,以增大散热面积。为了提高大型变压器的散热效率,其中一种方法是采用内部油泵来强迫油循环,外部用变压器风扇吹风或用自来水冲淋变压器油箱。变压器运行时产生热量,使变压器油膨胀并流进储油柜中。储油柜使变压器油与空气接触面变小,减缓了变压器油的氧化和空气水分的吸收速度,从而减缓了油的变质速度。故障时,热量会使变压器油气化,触动气体继电器发出报警信号或切断电源。如果发生严重事故,变压器油大量气化,油气冲破安全气道管口的密封玻璃,冲出变压器油箱,避免油箱爆裂。此外,油浸式变压器还具有一定的熄弧作用。

在城市轨道交通领域内变压器有着非常广泛的应用。城市轨道交通较其他领域不同,其主变电所、牵引变电所和降压变电所因行业特点,较多设置在地下,故而对变压器的安全性能有着更高的要求。在城市轨道交通,特别是地铁行业中,尤其需要关注变压器温升性能这一安全指标。

在温升性能指标中,最关键的测量部位是变压器绕组。变压器绕组温升允许值与绝缘耐热等级有关。油浸式变压器属 A 级绝缘,A 级绝缘允许的平均温升为 65 K。此外,由于传统的绕组温升测量法为电阻法,测得的温升为平均温升,平均温升与绕组最热点温升之差大约为 13 K。在年平均温度为 20 ℃时,A 级绝缘绕组最热点温度为(20+65+13)℃=98 ℃,此时 A 级绝缘的使用时间接近正常寿命。

头脑风暴

　　查询变压器绝缘材料耐热等级划分依据并讨论用于油浸式变压器内的绝缘材料耐热等级越高,该变压器性能就越好。这种说法是否正确?

3.2.3　油浸式变压器优缺点

　　油浸式变压器的广泛应用得益于其具有以下显著优点:

　　(1) 油浸式变压器内部的变压器油具有较高的耐热等级和绝缘性能,且变压器油可通过电场作用,将变压器内部损耗减小到最低程度,提高了油浸式变压器的使用效率同时延长其工作寿命。

　　(2) 油浸式变压器采用真空滤油和注油工艺,具有较强的绝缘、防潮、防尘性能。

　　(3) 油浸式变压器较其他变压器而言,相同容量下通常具有更小的体积、更轻的重量,因此安装及运输都较为方便。

　　油浸式变压器同时存在一定的缺点,主要表现为:

　　(1) 油浸式变压器必须定期检查内部油品的质量,确保变压器运行安全性及有效性。

　　(2) 运行时,油浸式变压器具有噪音较高和温升迅速,对周围环境有一定污染,对自身部件温升性能有较高要求。

　　油浸式变压器虽然有诸多优点,在生产生活中得到了广泛的应用,然而在城市轨道交通供电系统中油浸式变压器用得不多。原因是,城市轨道交通供电系统中的变压器多在室内工作,而且有的变压器在地下工作,工作环境较差,空间狭小,通风条件较差,不方便消防设备的进入,一旦着火,就会造成很大的安全隐患。鉴于此,城市轨道交通供电系统中的变压器多采用干式变压器。

任务实施

　　(1) 指导老师向各组随机展示不同类型的油浸式变压器照片。各组学生根据编号识读油浸式变压器的部件并记录至表 3-3 中。

表 3-3　油浸式变压器部件认知记录表

编号	部件名称	编号	部件名称
1		3	
2		4	

编号	部件名称	编号	部件名称
5		8	
6		9	
7		10	

（2）各组学生根据所展示的油浸式变压器照片，说出油浸式变压器当油品出现问题需要更换或过滤时的操作步骤。

（3）根据所示油浸式变压器，口述高低压端口星形三角形联结的具体方法。

任务评价

按照各学生提交的参数记录表和铁芯的制作情况，指导老师进行评价，并将评价结果记录至表 3-4。结合自身表现和指导老师评价，学生对此次任务实施进行总结。

表 3-4　任务实施评价表

评价项目	评 价 标 准	满分	实际得分	备注
操作技能	（1）部件认知正确； （2）油品更换操作步骤清晰； （3）高低压端口联结方式无误	80		
参与程度	全程认真参与，过程中善于发现问题，积极沟通交流	10		
合作意识	（1）积极参与小组合作探讨，勇于接受小组任务，敢于承担责任； （2）小组分工明确，各组员取长补短	10		
总分		100		

思考与练习

（1）简述油浸式变压器表面壳体的设计特点及作用。

（2）简述油浸式变压器进行油品过滤时的注意事项。

（3）哪些方式可减少油浸式变压器的磁损？

任务 3.3　干式变压器

任务准备

本任务要求学生掌握干式变压器防护等级检测、工频耐压测试以及温升测试的方法，前期准备工作如下：

（1）指导老师需提前准备 IP44 防护等级的测试工具、工频耐压仪及温升测试用的热电偶、安捷伦记录仪等仪器设备，并将学生分组，下达任务。各组学生根据任务制订计划书，明确学习目标及组内分工等内容；

（2）根据分工，各组学生查阅资料，了解干式变压器的特点及型式试验项目与对应的测试具体步骤；

（3）根据任务计划书学习相关知识，各组学生实施任务。

3.3.1　干式变压器的分类

20 世纪 70 年代，我国已引进了环氧树脂绝缘干式变压器生产技术，但技术发展和应用非常缓慢。到 80 年代末 90 年代初，随着新的干式变压器生产技术工艺的引进，干式变压器的应用迅速普及，国内干式变压器技术的发展也从消化吸收走向自我开发并达到国际先进水平。至今，国内干式变压器的生产规模已位居世界第一，不少生产厂的产品技术水平和开发能力已经进入国际先进行列。

由于干式变压器的优点突出，国内城市轨道交通供电系统广泛使用干式变压器。

干式变压器是防灾型变压器中用量最大的一种。干式变压器的铁芯和绕组都不浸在任何液体中，一般适用于安全防火要求较高的场合。目前，干式变压器的制造技术已成熟，国内外许多工厂能批量生产。它适应于高污秽、高温、潮湿的环境，具有阻燃、难燃、无公害、免维护等优点，因而用量很大。目前，干式变压器最高电压等级已达 35 kV，最大容量为 20 MV·A。

1. 按照主绝缘材料分类

（1）开启式。这是一种常用的形式，器身与大气相连通，适用于干燥而洁净的室内环境。其冷却方式一般有空气自冷和风冷两种。由于空气的绝缘强度和散热性比油差，所以以空气作为绝缘的干式变压器常用于公共建筑物、车间等场合。其适用的工作环境温度为 20 ℃，相对湿度不应超过 85%。

（2）封闭式。器身处在封闭的外壳内，与大气不直接接触。由于其密封的特性，散热条件欠佳。此类型属于防爆型的干式变压器，能够在更为恶劣的环境中使用。通常会充入绝缘强度和散热能力优于空气的其他气体,如充以 $2\sim3\,\mathrm{atm}(1\,\mathrm{atm}=101\,325\,\mathrm{Pa})$ 的 $\mathrm{SF_6}$ 气体并加以强迫循环。

(3) 浇注式。采用环氧树脂或其他树脂浇注而成的浇注式,主绝缘性能良好,结构简单,体积也小。

2. 按照生产工艺不同分类

浸渍式干式变压器。该种变压器生产历史最长,制造工艺比较简单。导线采用玻璃丝包,垫块用相应的绝缘等级材料热压成形。根据浸渍漆的不同,变压器的绝缘等级分为 B、F、H、C 级,主、从绝缘的空道全部以空气为绝缘物质。由于此种变压器受外界环境的影响比树脂大,目前在国内外产量均趋于减少。

树脂干式变压器。树脂干式变压器分为四种结构:树脂加填料浇注、树脂浇注、树脂绕包和树脂真空压力浸渍。虽然采用的设备投资大,但安装、维护费用低。

3. 按照结构差异分类

(1) 固体绝缘包封绕组。由于包封绕组干式变压器的绕组不易受潮、维护方便、体积小,所以在城市轨道交通供电系统中得到了广泛应用。包封绕组干式变压器采用固体绝缘包封,各个绕组可以分别装模后,用树脂浇注。

(2) 不包封绕组变压器。此类变压器虽成本相对较低,但其绝缘与抗潮性能较低,故而应用很少,因此本书不做过多介绍。

3.3.2 干式变压器的结构

干式变压器一般由线圈绕组、铁芯、器身及其他辅件组成。下面以环氧树脂浇注干式变压器为例,介绍干式变压器的结构特点。

干式变压器的绕组结构基本上与油浸式变压器相同,多采用圆筒式,较大容量的干式变压器绕组可采用饼式。干式变压器在绕组外加上非油绝缘介质,以增加线圈的绝缘性能,环氧树脂浇注干式变压器就是用环氧树脂为绝缘材料,以浇注的方式与绕组一起固化,从而减少变压器线圈的体积。一般情况下,干式变压器的高压绕组(线圈)在圆筒的外侧,低压绕组(线圈)在内侧,高压绕组和低压绕组之间是冷却气道,高压绕组和低压绕组共同缠绕在铁芯上。

干式变压器的绕组有以下几种:缠绕式、环氧树脂加石英砂填充浇注、玻璃纤维增强环氧树脂浇注(薄绝缘结构),以及多股玻璃丝浸渍环氧树脂缠绕式。

干式变压器的高压绕组一般采用多层圆筒式结构,低压绕组一般采用层式或箔式结构。

干式变压器的铁芯除了作为主磁通的通道外,还作为变压器线圈、器身及其他组件的主要支撑件,所以铁芯一方面通过多片硅钢片叠片,减少涡流损耗;另一方面利用紧固件、支撑件增加铁芯的强度和刚度,同时减少铁芯噪声的产生。

干式变压器的铁芯采用优质冷轧晶粒取向硅钢片,铁芯硅钢片采用 $45°$ 全斜接缝,使磁通沿着硅钢片接缝方向通过。

一台干式变压器最基本的结构除了有线圈绕组和铁芯以外,还要有器身部分,它主要包括出线端子、变压器底座以及接地结构等,以方便用户安装和固定,保证用户的使用安全。

根据不同的用户、使用环境和工作要求,干式变压器可以增加不同的组件。例如,根据不同用户使用的高、低压接口要求,增加不同形式的出线端子结构(如侧出线、封闭母线等);根据不同的环境和运行工况,为提高负载能力和降低变压器温升,增加冷却设备,目前一般多采用风机冷却,风机冷却一般安装在底座上,在铁芯和绕组的下方,风机产生的冷却气体通过气道冷却绕组及铁芯,并把热气体向上排出;根据使用环境的差异或用户的要求,增加保护外壳,以提高变压器的防护等级,增强变压器对外部环境的适应能力。为实现变压器的智能监控,满足在任何时刻对变压器实施温度控制,变压器一般加装温度控制设备。对供电质量要求较高的用户,因为电网电压波动较大,在变压器负载的状态下需要切换变压器的分接位置改变变压器的电压比以实现低压输出电压稳定,这样加装有载调压开关就可以满足要求。一般有载调压开关有两种形式:真空开关和空气断路器,一般都选择真空开关。

干式变压器具备诸多优点,因其浇注的是环氧树脂材料,故而其具有难燃、能自熄等优点,同时具有耐潮、机械强度高、损耗小、噪声低等诸多优点。图 3-6 是用环氧树脂浇注的单相及三相心式结构变压器。

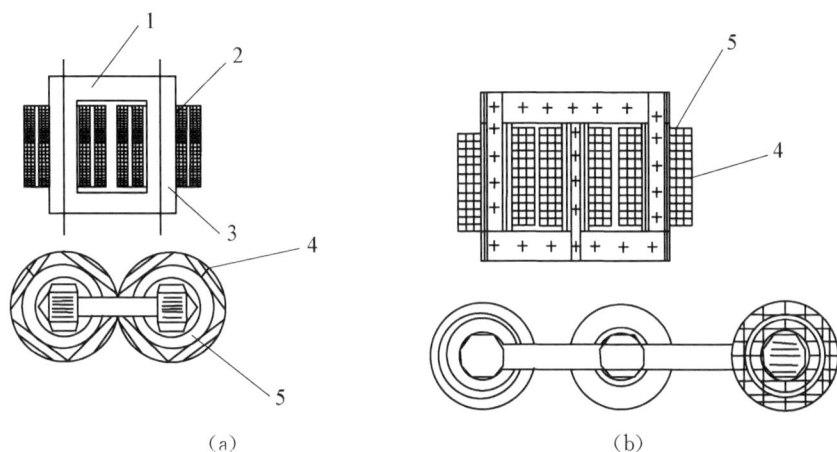

1—铁轭;2—绕组;3—铁芯柱;4—高压绕组;5—低压绕组。

图 3-6　心式结构变压器

(a)单相心式变压器;(b)三相心式变压器

把低压绕组布置在内,有利于绝缘设计,因为铁芯要接地,必须保证二者之间的绝缘可靠良好,而低压便于实现。同时,有利于排出铁损,产生热量。

干式变压器绕组置于气体中(一般置于空气或六氟化硫气体中),或是浇注环氧树脂绝缘。目前,在城市轨道交通供电系统中的牵引变电所多采用浇注环氧树脂绝缘的方法。

3.3.3 干式变压器的特点

根据分类不同,干式变压器的特点都有所不同,城市轨道交通内以树脂浇注式干式变压器用量最大,因此以树脂浇注式干式变压器的特点为例介绍。

(1) 无油、无污染、难燃阻燃、自熄防火。国际电工委员会制定的标准 IEC 60076-11-2008《电力变压器第 11 部分:干式变压器》定义了两种耐火等级:F0 级和 F1 级。F0 级为规定耐火性能,不采取特殊措施。F1 级适用于有火灾危险的变压器,能限制燃烧的发生,尽可能减小有毒物质和黑烟的排放。

(2) 绝缘温升等级高:F 级绝缘,变压器温升可达 100 K。应尽量采用绝缘温升等级高的绝缘材料。

(3) 损耗低、效率高。

(4) 噪声小,通常可控制在 50 dB 以下。

(5) 局部放电量小(通常为 10 pC 以下),可靠性高,可保证长期安全运行,寿命长达 30 年。

(6) 抗裂、抗温度变化,机械强度高,抗突发短路能力强。

(7) 防潮性能好,可在 100% 湿度下正常运行,停运后不需干燥处理即可投入运行。

(8) 体积小、重量轻,据统计,油式变压器的外形尺寸为干式变压器的两倍多。

(9) 不需单独的变压器室,不需吊心检修及承重梁,节约土建占地和占空;因无油,不会产生有毒气体,不会对环境造成污染,不需要集油坑等附属建筑,减少了土建造价。

(10) 安装便捷,无须调试,几乎不需要维护;无须更换和检查油料,运行维护成本低。

(11) 配备有完善的温度保护控制系统,为变压器安全运行提供可靠保障。从低噪声、节能、防火、节省土建造价及运行维护管理费、寿命长等综合技术经济性能比较,干式变压器表现出了明显的优越性。

3.3.4 干式变压器的选用

在干式变压器选用时,首先根据负荷计算来确定变压器容量和台数,其次根据工程具体情况、环境、系统特点、运行要求等确定变压器的性能参数。

二次额定电压的确定:一般根据电力网系统和用户的要求确定。

联结组标号的确定:配电变压器常有 Dyn11、Yyn0 等联结组标号,推荐选用 Dyn11。

其他:如短路阻抗等,这些性能参数都可以从制造厂的样本、手册中查到,再根据工程情况予以确定。

调压方式:主要考虑采用何种调压方式、调压范围如何等问题。通常采用无励磁调压,即一、二次侧均切断电源时,在高压侧进行人工调压,分接范围常用 ±2×2.5%。若要求电源电压稳定,可选用有载自动调压,即通过有载调压开关自动调整高压分接头,以保持输出电压的稳定,分接范围常用 ±4×2.5%。

其他配置的选择:是否配外壳;是否带风机(强迫风冷);是否配温度控制箱;是否带温

度显示器等,上述这些附件的功能,各制造厂样本上均有说明,可酌情选择配置。

3.3.5　干式变压器的相关技术

对干式变压器而言,运行可靠性、运行寿命及效率主要取决于冷却手段、防护等级、温度显示控制系统的准确性、耐压性能、并联运行性能、损耗性能、短路性能等几项关键技术的指标。

1. 强迫风冷

干式变压器的冷却方式分为自然空气冷却(AN)和强迫空气冷却(AF)。自然空冷时,变压器可在额定容量下长期连续运行。强迫风冷时,变压器的输出容量可提高 50%,适用于断续过载运行或应急事故过载运行;由于过载时,负载损耗和阻抗电压的增幅较大,处于非经济运行状态,故不应使其处于长时间连续过载运行。变压器的额定容量是在自然空气冷却下长期运行的容量,在应急情况下,启动强迫风冷系统可使变压器在 1.5 倍额定容量下运行。

2. 防护等级

选用外壳时,需考虑可防小动物(如鼠、蛇、猫、雀等)和为直径大于 12 mm 的固体异物进入,并能防止短路停电等恶性事故的发生。防护等级主要是防止人体接近壳内带电部分或转动部分,防止固体异物进入和防止由于进水、进油等而引起有害影响而设定的,它符合相关标准的规定。

变压器保护外壳的防护等级为 IP20 和 IP23 两种。对于防护等级为 IP20 的无外壳变压器,应该在变压器的周围安装隔离栅,以防止误碰变压器。IP20 外壳可防止直径大于 12 mm 的固体异物进入,为带电部分提供安全屏障。IP23 外壳除具备 IP20 外壳的功能外,还具有防止与垂线成 60°以内的水滴流入,可适用于户外运行,但是 IP23 外壳会使变压器冷却能力下降,将下降 5%~10%。城市轨道交通供电系统使用的防护等级一般为 IP20。防护等级的代号及含义如表 3-5 所示。

表 3-5　防护等级的代号及含义

代号	含义	第一位数字	含义	第二位数字	含义
IP	国际防护形式	2	防止直径大于 12 mm 的固体进入	3	防淋水
		4	防止直径大于 1 mm 的固体进入	4	防溅水
		5	防尘	5	防喷水

视频　防撞
等级 IK10

小组讨论

通过查阅 GB/T 4208 标准,讨论防护等级数字越高,是否就一定防护能力越强?

3. 温度显示控制系统准确性

干式变压器的安全运行和使用寿命,很大程度上取决于变压器绕组绝缘的安全可靠。绕组温度超过绝缘耐受温度使绝缘破坏,是导致变压器不能正常工作的主要原因之一,因此对变压器的运行温度的监测及其报警控制是十分重要的。干式变压器的温度显示控制系统实现对运行温度的监测及报警跳闸控制,以使干式变压器安全运行,延长使用寿命。此系统的主要功能如下:

风机自动控制:负荷增大,变压器运行温度上升,当绕组温度达某一数值(一般整定为110℃)时,系统自动启动风机冷却;当绕组温度降低至某一数值(一般整定在90℃)时,系统自动停止风机。

超温报警、跳闸:运行中,若干式变压器温度继续升高,当达到 F 级绝缘所能耐受的极限 155℃时,系统输出超温报警信号;若温度再上升达某值(通常整定在170℃)时,变压器已不能继续运行,系统输出超温跳闸信号,迅即切断干式变压器电源。

温度显示:可随时显示各相绕组温度,常用数字显示,还可用 4～20 mA 输出,也可配计算机接口,远传显示及报警。

4. 耐压性能

干式变压器一二次绕组侧均需耐受一定时间,一定等级的电压值,具体要求为:一次侧耐受时间为 1 min,平均电压幅值为 85 kV 的工频电压值;二次侧耐受时间为 1 min,平均电压幅值为 10 kV 的工频电压值;二次侧耐受雷电冲击电压值为 20 kV。

5. 并联运行性能

两台变压器的阻抗电压不平衡率≤2%;两台整流变压器一次绕组分别移相 7.5°和 −7.5°,使两台整流变压器二次电压相位差15°,通过整流器获得 24 脉波整流。

6. 损耗性能

干式变压器根据自身容量大小的不同,对其运行中空载状态下的损耗和带负载状态下的损耗都有要求,具体要求如表 3-6 所示。

表 3-6　损耗性能

容量/(kV·A)	空载损耗/kW	负载损耗/kW
2 500	≤8	≤11
3 300	≤11	≤18
4 000	≤12	≤20

7. 短路性能

在运行过程中,干式变压器可能会因为环境、人员、材料、电能质量等因素导致内部绝缘性能下降而引发短路事故。因此,干式变压器须有一定的短路强度耐受能力,即其因能承受短路电流能力,从无穷大电网获取电流的变压器(任何抽头位置),在二次侧完全短路持续时间 2 s 的情况下,应不造成任何热和机械损伤,短路后线圈平均最高温度应小于 350 ℃(铜导体线圈)。短路性能如表 3-7 所示。

表 3-7　短路性能

容量/kV·A	短路电流/kA	持续时间/s
2 500	26	2
3 300	35	2
4 000	42	2

3.3.6　干式变压器的相关试验

1. 出厂试验

出厂试验是根据标准和产品技术条件规定的试验项目,对每台变压器都要进行的检查和试验。其目的在于检查设计、操作、工艺的质量。每台变压器出厂前,必须进行电压比、电阻、联结组标号、绝缘电阻、工频耐压、空载损耗和负载损耗等的检查和试验。

视频　变压器等中高压设备前端保护断路器温升测试

(1)电压比试验的目的主要在于检验变压器各绕组的匝数是否符合设计要求,所以,有时把电压比试验又称为匝数比试验。试验方法一般有两种:双电压表法和交流电桥法。现在广泛应用的是交流电桥法。

(2)联结组标号试验的目的是在于检验变压器的联结组标号是否与设计要求相符。其试验方法采用较广泛的有双电压表法、直流法、相位表法和交流电桥法。实际应用中多采用交流电桥法,既可检验电压比,又可检验联结组标号。

(3)绕组电阻试验可以检查绕组内部导线的焊接质量、引线与绕组的焊接质量、绕组所用导线的规格是否符合设计。

(4)绝缘电阻的测量是在绝缘安全的低电压下,对变压器主绝缘性能的试验,用以发现变压器绝缘的局部缺陷和普遍缺陷,是决定进行耐压试验和继续运行的重要参考数据之一。变压器主绝缘指的是绕组与绕组之间、绕组与铁芯及油箱之间的绝缘。

(5)工频耐压试验又称为外施压试验,是使变压器在不低于 80% 额定频率的试验电压下持续运行 1 min,用以考核主绝缘强度、绝缘的局部峡陷。试验设备包括试验变压器、可调电源、球隙、阻尼电阻和金属保护电阻等。

(6)空载试验是从变压器低压侧的绕组施加正弦波形额定频率的额定电压,在其他绕组开路的情况下,测量其空载损耗和空载电流的试验。目的是测量铁芯中的空载电流和空载损耗,发现磁路中的局部或整体缺陷。

(7) 负载试验是将变压器高压侧的绕组在额定分接下供给额定频率的额定电流。低压侧的绕组人为短接。通过负载试验可以确定变压器的负载损耗和阻抗电压。

2. 型式试验

型式试验是根据《电力变压器第 11 部分:干式变压器》(GB/T 1094.11—2022)规定的项目,对指定产品结构进行的鉴定性试验。已经通过国家鉴定并系列化大批量生产的产品一般不进行型式试验。型式试验的目的在于检查结构性能是否符合标准和产品技术条件,包括冲击电压试验和温升试验。

(1) 冲击电压试验。冲击电压试验包括雷电冲击电压试验和操作冲击电压试验。为了考核变压器冲击绝缘强度是否符合国家标准的规定并进一步研究、改变变压器的绝缘结构,需要对变压器进行雷电冲击电压试验,所谓雷电冲击电压试验是指在变压器绕组的端子上施加一冲击波,看变压器或其他绝缘结构在冲击波的作用下产生的后果。操作冲击电压试验是为了考核变压器耐受的操作电压的能力,其方法通常都是用 1 min 工频耐压或高周波耐压试验来检验的。

(2) 温升试验。变压器的空载损耗和负载损耗以热能形式损耗,损耗热能使变压器的温度升高,从而对变压器的寿命、绝缘材料的寿命造成影响,通过温升试验,对变压器的温升进行测试。干式变压器的试验方法包括直接负载法、相互负载法、循环电流法和零序法。

变压器各个部件有不同的允许温升,各个部件在不同的运行工况下也有不同的允许温升。决定允许温升的因素有变压器的运行预期寿命、变压器的安全运行和变压器的检测技术。

冬季的绕组温升低于平均温升,绕组可延长寿命;夏季的绕组温升高于平均温升,绕组要牺牲寿命。

大容量变压器有时有几种冷却方式,如 ONAN/ONAF。变压器的额定容量一般是指 ONAF 下的允许值。当风扇失去电源后,冷却效率下降,例如仍按照在 ONAF 下的容量运行,绕组平均温升必将升高,故在 ONAN 下必须降低容量运行,使绕组平均温升不超过 65 K。表 3 - 8 是不同绝缘等级的干式变压器在额定运行状况下的温升限值。

表 3 - 8　不同绝缘等级的干式变压器在额定运行状况下的温升限值

绝缘等级	A	E	B	F	H	C
最高允许温度/℃	105	120	130	155	180	220
绕组温升限值/K	60	75	80	100	125	150
绕组最高温度/℃	140	155	165	190	220	250
绕组额定温度/℃	95	110	120	145	175	210

3. 特殊试验

特殊试验是根据变压器使用或结构特点必须在国家标准规定项目之外另行增加的试验项目,主要对典型结构产品或有协议要求的产品进行试验,包括突发短路试验、噪声试验和零序阻抗试验。

（1）突发短路试验是模拟一种事故短路，即在变压器一次侧加上额定电压，二次侧由于事故，在出线端子上发生的突发短路。它是变压器在运行中对其动稳定强度和热稳定典型的最严格的考验。这种运行事故在实际中是极少发生的。

（2）噪声试验是为了测定变压器额定运行时的声级和声功率级，以控制变压器的噪声，满足环境和用户的要求。

（3）零序阻抗试验仅对有零序短路回路的绕组才进行试验。

（4）局部放电试验。

为了保证变压器产品质量，使其能够在系统中长期安全地运行，局部放电试验是一项良好而有效的检验方法。试验设备主要有试验电源和局放仪，试验内容包括：

① 检验产品在规定电压下，一般预加 1.5 倍的系统电压 30 s，然后降到 1.1 倍的系统电压，1 min 内有没有高于规定值的局部放电，以确定产品在规定电压下的放电强度。国家标准规定，对于 10 kV 以下的变压器，放电量 30 pC 为合格，10 pC 为一等品，5 pC 为优等品。

② 确定局部放电的起始电压和终止电压。

3.3.7　干式变压器的启用

（1）短接变压器的"输入"与"输出"接线端子，用绝缘电阻表测试其与地线的绝缘电阻。选用 1 000～3 000 V 绝缘电阻表测量时，其阻值应大于要求规定数值，一般为几兆欧。

（2）变压器输入、输出电源线的截面积应满足其电流值大小的要求。

（3）输入、输出三相电源线应按变压器接线板母线的颜色黄、绿、红，分别接 A 相、B 相、C 相，中性线应与变压器的中性线相接，接地线与变压器外壳相接（如变压器有机箱应与箱体地线标志对应相连接）。检查输入、输出线，确认正确无误。

（4）先空载通电，观察测试输入输出电压符合要求。同时，观察各种设备，特别是变压器的内部是否有异响、打火、异味等非正常现象；若有异常，应立即断开输入电源。

（5）当空载测试完成且运行正常后，方可接入负载。接入负载要依次由小到大、由少到多，直至接入全部负载。

3.3.8　干式变压器与油浸式变压器特点对比

在轨道交通变电站内，通常以干式变压器居多，但在其他场合，油浸式变压器的使用量也非常大，因此，本项目着重对干式变压器与油浸式变压器的特点做详细对比。

在价格上，干式变压器比油浸式变压器贵。就容量而言，大容量的油浸式变压器比干式变压器多。干式变压器应用于复杂建筑物（如地铁变电站、屋顶、人员密集场所等）。独立的变电场所则采用油浸式变压器。油浸式变压器一般用于室外临时用电。施工中，按照空间选择干式变压器和油浸式变压器，空间较大时可选用油浸式变压器，空间拥挤时选用干式变压器。区域气候相对潮湿闷热，易用油浸式变压器。如果使用干式变压器，必须配备强制风冷设备。

此外,干式变压器与油浸式变压器在外观、引线形式、容量与电压等方面特点也有所区别,详见表 3-9。

表 3-9　干式变压器与油浸式变压器的特点对比

特点差异	干式变压器	油浸式变压器
外观	能直接看到铁芯和线圈	只能看到外壳
引线形式	多数采用硅橡胶套管	多数采用瓷套管
容量和电压	容量 1 600 kVA 以下,电压 10 kV 以下,部分达到 35 kV 电压等级	全部容量及电压等级
绝缘	树脂绝缘	绝缘油
散热	自然风冷却、风机冷却	绝缘油循环、散热片散热
适用场所	有"防火防爆"要求	多用于户外
承载能力	额定容量下运行	有较好的过载能力
成本	较高	较低

任务实施

(1)防护等级测试。

根据分组,各组学生依次观察铭牌防护等级参数,选择合适检具进行防护等级测试,判断干式变压器是否达到相应防护等级参数。

(2)耐压性能测试。

各组学生利用耐压仪,合理接线,调整参数,对变压器端口进行耐压测试,根据测试结果,判断耐压是否符合安全性能要求。

(3)温升性能测试。

各组学生根据干式变压器结构,利用热电偶合理布点,要求布点全面且精简。布点完成后,利用安捷伦测温仪器进行温度测量,并记录温升数据,绘制温升曲线图。

任务评价

按照各组学生的实操情况及提交的温升曲线图,指导老师进行评价,并将评价结果记录至表 3-10。结合自身表现和指导老师评价,学生对此次任务实施进行总结。

表 3-10　任务实施评价表

评价项目	评 价 标 准	满分	实际得分	备注
防护等级	(1)防护等级测试工具选取正确; (2)防护等级测试部位全面、准确; (3)防护等级测试结果判断无误	30		

续　表

评价项目	评 价 标 准	满分	实际得分	备注
耐压性能	(1) 耐压测试仪接线正确; (2) 耐压测试端口接线正确; (3) 耐压测试参数调整无误,结果判断准确	30		
温升性能	(1) 热电偶布点准确、精简; (2) 温升结果判断正确; (3) 温升曲线图绘制全面、正确	30		
合作意识	(1) 积极参与小组合作探讨,勇于接受小组任务,敢于承担责任; (2) 小组分工明确,各组员取长补短	10		
总分		100		

? 思考与练习

(1) 简述干式变压器与油浸式变压器的特点及差异。

(2) 干式变压器的绝缘浇注材料有哪些?

(3) 列举干式变压器温升试验测试方法。

项目 4　城市轨道交通牵引网供电系统

项目导读

如今,轨道交通的快速发展为我们的工作、生活带来了很大的便利,那么,在轨道上奔跑的列车又是从哪里获得动力来高速前进的呢? 本项目,将学习城市轨道交通牵引网供电系统,了解列车的能源来源。

学习目标

(1)了解城轨牵引网的分类与组成。

(2)掌握不同城轨牵引网的结构与分类及供电方式。

任务 4.1　城市轨道交通供电牵引网

任务准备

本任务要求学生熟悉轨道交通供电牵引网的组成部分和特点,以接触轨/第三轨供电为例,掌握连接电缆在分断处的处理方法。前期准备工作如下:

(1)指导老师准备两段不同面积的电缆、1个缓冲箱,2组绝缘支撑件,一根汇流母排,并将学生分组,下达任务。各组学生根据任务制订计划书,明确学习目标及组内分工等内容。

(2)根据分工,各组学生查阅资料,了解城市轨道交通供电牵引网的各个组成部件及特点。

(3)根据任务计划书学习相关知识,各组学生实施任务。

4.1.1　概述

城轨供电牵引网是包括接触网、钢轨回路（包括大地）、馈电线和回流线的一个大的范畴。它是轨道交通供电系统中向电力机车（或电动车组）供电的直接环节。

4.1.2　城市轨道交通供电牵引网的组成

城市轨道交通的供电牵引网主要有第三轨供电和架空接触网两种基本形式。虽然，基本形式不同，但它们主要都由馈出线、直流配电柜、接触网、均流网、回流网等部分组成。

1. 馈出线

馈出线是连接牵引变电所和接触网的导线，其作用是将牵引变电所电能变换成符合牵引制式用的电能配送到接触网或者第三轨。

2. 直流配电柜

电源由正极出发，经过断路器，馈出电缆，至直流配电柜。直流配电柜大多安装在轨行区两旁，又称隧道柜。直流配电柜内装设了单极隔离开关，通过电缆，连接牵引变电站馈出开关和接触网。

直流配电柜的作用是作为明显断开点隔离电源。在变电所故障或停电检修或线路接触轨检修时拉开它，可以起到隔离电源的作用。若接触网为接触轨式，它的内部还会设置接触轨电压监视回路，用于监视接触轨是否带电。

3. 接触网

牵引接触网是城轨牵引网供电系统的主要组成部分，沿线路架设在轨道的上方（或边上）向电动列车供电。电动列车通过受电弓（或集电靴）从牵引接触网获取电能。接触网的稳定可靠性对电动列车的运行起着重要的作用。

由于涉及电能的最大利用率，整条线路的供电区间会有若干个，每个供电区间的正极电源都是相互绝缘的，所以接触网也是分段的，这一供电区间与另一供电区间的接触网之间需要设置断电区。断电区一般设置在列车进站方向的站台口，在这个地点，电客车已经停止牵引，受流器脱离接触轨时电弧比较小。

目前，牵引接触网一般分为接触轨和架空接触网。

1）接触轨

接触轨，俗称第三轨，是金属轨条的刚性导体，接电源的正极。安装在走行轨的一侧，用于给行进中的电动列车供电（见图 4-1）。接触轨轨面比走行轨轨面高，轨面中心与相邻走行轨内侧面之间的距离是(700±8)mm。

因为接触轨轨面比走行轨高，所以在道岔等地方必须将接触轨断开，并且需用电缆将断开的接触轨连接起来，以实现电连续性。与接触轨连接的电缆截面较小，跨越隧道顶部的电缆截面较大，这就需要一种电缆对接箱，称作缓冲箱。缓冲箱内部设有绝缘子支持的母排，电缆在母排上进行电气连接。缓冲箱一般固定在区间道岔或隔断门处的隧道壁上，车场和地面线路的缓冲箱则安装在接触轨旁边。

(a)　　　　　　　　　　　　　　　　(b)

图 4 - 1　接触轨给行进中的电动列车供电

(a)送电到接触轨;(b)轨道及接触轨形成三轨供电

2) 架空接触网

架空接触网是一种悬挂在轨道上方沿轨道铺设的、和铁路轨顶保持一定距离的输电网。通过电力机车(电动车组)的受电弓和架空接触网的滑动接触,牵引电能就由架空接触网进入电力机车(电动车组),驱动牵引电动机使列车运行(见图 4 - 2)。

(a)　　　　　　　　　　　(b)　　　　　　　　　　　(c)

图 4 - 2　接触网式供电

(a)架空接触网供电;(b)机车上方受电弓得电;(c)走行轨回流

4. 回流网

城市轨道交通一般采用走行轨回流,电流由牵引电机流出后,通过车轮与走行轨接触,在牵引变电所附近通过回流电缆引至回流箱,然后通过电缆接到负母线。回流箱的构造与缓冲箱大致相同,主要用于负极电缆的对接。从而,回流电缆、回流箱和走行轨构成了回流网。

5. 均流网

为了充分利用走行轨的导电作用,均衡回流电流,在区间每间隔 400~600 m 用电缆将上下行的走行轨连接一下,这种措施叫作均流,相应的电缆和连接箱称作均流电缆和均流箱。这些均流设备构成了均流网。

小组讨论

走行轨道有两条,那为什么不可以直接一条牵引供电、一条回流,而要用到接触网和回流网呢?

任务实施

(1)缓冲箱内部部件安装。

根据前期分组,各组依次利用工具,将绝缘子、汇流母排安装至缓冲箱内部。

(2)断线处电缆连接。

将断线两端的电缆,通过缓冲箱汇流排进行连接,连接完毕后,测试电连续性。

任务评价

按照各组学生的实操情况,指导老师进行评价,并将评价结果记录至表4-1。结合自身表现和指导老师评价,学生对此次任务实施进行总结。

表4-1 任务实施评价表

评价项目	评 价 标 准	满分	实际得分	备注
缓冲箱部件安装	(1)绝缘子安装牢固、可靠; (2)汇流排安装孔预留数目满足要求; (3)汇流排安装牢固	60		
电缆连接	电缆连接正确、牢固	20		
合作意识	(1)积极参与小组合作探讨,勇于接受小组任务,敢于承担责任; (2)小组分工明确,各组员取长补短	20		
总分		100		

思考与练习

(1)为什么要设置区间?

(2)为什么区间之间会有断电区?

(3)断电区列车不得电怎么前进?

(4)架空接触网与接触轨式各自有何优缺点?适合应用在什么场景?

任务 4.2　城市轨道交通供电牵引网的作用及特点

任务准备

本任务要求学生熟悉城市轨道交通供电牵引网给不同负载供电的层级,清楚掌握负载类别与对应的供电级别。前期准备工作如下:

(1) 指导老师将学生分组,对城市轨道交通常用负载进行编号,下达任务。各组学生根据任务制订计划书,明确学习目标及组内分工等内容;

(2) 根据分工,各组学生查阅资料,掌握城市轨道交通供电牵引网的供电层级及对应负载;

(3) 根据任务计划书学习相关知识,各组学生实施任务。

4.2.1　概述

城市轨道交通供电牵引网是用于给电动列车供电的,它是城市轨道交通不可分割的重要一环。

4.2.2　城市轨道交通供电牵引网的作用

城市轨道交通供电牵引网的作用是给行进中的电动列车供电。城市轨道交通供电牵引网主要由接触网和回流网组成。对于架空接触网和接触轨两种牵引供电方式,根据 IEC 标准和我国规程规定,城轨接触轨的标准额定电压为直流 750 V,允许电压波动范围为 500～900 V;架空接触网的额定电压为直流 1500 V,允许电压波动范围为 1000～1800 V。

4.2.3　城市轨道交通供电牵引网的特点

1. 运行可靠性要求高,无备用

城轨牵引供电负荷属于一级重要负荷,各牵引变电所进线均设置两个回路电源进线,牵引变电所内主变压器及其他重要电气设备都设置备用措施。当变电所内的部分设备发生故障时,备用电源与备用设备及时自动投入运行,保证对接触网不间断供电,运行可靠性高,这种技术称之为冗余技术。而接触网与走行轨道平行架设,且与电动列车在空间上的对应关系,造成接触网和轨道一样无法采取备用措施。一旦接触网发生故障,整个供电区间可能全部失电,电动列车失去电能供应,造成停运,影响城市交通的正常运行。

小组讨论

　　城市轨道交通供电一般分为三级，哪些是一级负荷哪些是二级负荷哪些又是三级负荷？

2. 动态运行，受电环境特殊

　　一般的电力线路在两固定地点静态传输电能，而接触网传输电能的形式与之有很大区别。在接触网下（或旁边），沿线电动列车在运动中从接触网取流，接触网受电时间与地点也处于动态变化之中，电动列车受电弓（或集电靴）以一定的压力和速度与接触网摩擦运行。通过接触网的电流很大，运行中不可避免地会产生受电弓离线而引起电弧，在露天区段还要承受风、雷、雨、雪及大气污染的作用，使接触网昼夜不停地处在振动、摩擦、电弧、污染、伸缩的动态运行状态之中。这些因素造成接触网受电环境特殊，对接触网各种线素、零件都产生恶劣影响，使其发生故障的可能性较一般电力线路的概率要大得多。

3. 结构复杂，技术要求高

　　接触网的静态的设备与动态的运行环境和运行特点造成接触网的结构与一般电力线路明显不同。为了保证轨道车辆安全、稳定、可靠地运行，保证接触网向电动列车高质量地受流，接触网的结构往往比较复杂，技术要求也较高。对接触网导线的高度、接触网的弹性、均匀度等都有一定的要求。

📋 任务实施

　　(1) 各组学生轮流单独解释城市轨道交通供电级别及含义；

　　(2) 指导老师依次向各组展示编有编号的负载。各组学生根据不同编号的负载，判断负载名称及所属供电级别并记录至表 4-2。

表 4-2　牵引网供电级别记录表

编号	负载名称	供电级别	备注
1			
2			
3			
4			
5			

　　(3) 根据所示油浸式变压器，口述高低压端口星形三角形联结的具体方法。

📋 任务评价

　　按照各组学生对供电级别的阐述及所提交的记录表，指导老师进行评价，并将评价结果记录至表 4 - 3。结合自身表现和指导老师评价,学生对此次任务实施进行总结。

表 4 - 3　任务实施评价表

评价项目	评 价 标 准	满分	实际得分	备注
供电级别及含义	(1) 三级供电阐述正确; (2) 供电级别理解正确	40		
负载类型及所属级别	(1) 各编号负载名称记录正确; (2) 各负载归属供电级别正确	40		
合作意识	(1) 积极参与小组合作探讨,勇于接受小组任务,敢于承担责任; (2) 小组分工明确,各组员取长补短	20		
总分		100		

思考与练习

(1) 城市轨道交通中接触网的标准供电电压通常是多少伏?

(2) 在城市轨道交通系统中,冗余技术除了应用于牵引供电负载外,还在哪些地方有应用?

任务 4.3　城市轨道交通牵引供电接触轨

任务准备

本任务要求学生掌握接触轨的组成及分类。前期准备工作如下：

（1）指导老师准备上接触式、下接触式以及侧接触式接触轨各一段，准备低碳钢材质块及钢铝复合材质块各一件，同时将学生分组，并下达任务。各组学生根据任务制订计划书，明确学习目标及组内分工等内容；

（2）根据分工，各组学生查阅资料，掌握城市轨道交通接触轨的组成及分类；

（3）根据任务计划书学习相关知识，各组学生实施任务。

4.3.1　概述

接触轨是指沿着城市轨道交通线路铺设的与轨道平行的附加轨，又称为第三轨，其作用与架空型接触网相同，为城市轨道交通列车提供能源。不同之处为，接触轨是铺设在轨道旁的钢轨，而架空型接触网则处于列车上方。由接触轨供电的列车，受电方式为由伸出的受流靴（集电靴）与之接触而接受电能。

4.3.2　接触轨的组成

在接触轨系统零部件中，除作为导电轨的接触轨以外，还包括绝缘支架（或绝缘子）、防护罩、隔离开关设备、电缆等。接触轨、绝缘支架（或绝缘子）、防护罩（见图 4 - 3）是接触轨系统中送电、支撑、防护的三大件。

4.3.3　接触轨的分类

1. 按摩擦方式分类

与受流靴（集电靴）的摩擦方式不同，接触轨可分为上接触式、下接触式及侧接触式三种。

1）上接触式

上接触式是接触轨面朝上固定安装在专用绝缘子上，并且由固定在枕木上的弓形肩架子以支持［见图 4 - 3(a)］。由接触轨、绝缘子、三轨夹板、防护支架、防护板、端部三轨弯头防爬器等构件组成。受流器滑靴从上压向接触轨轨头，从顶面受流。受流器的接触力是由下作用弹簧的压力调节的，受流平稳，由于端部弯头的过渡作用，能够减少在断电区的电流冲击。

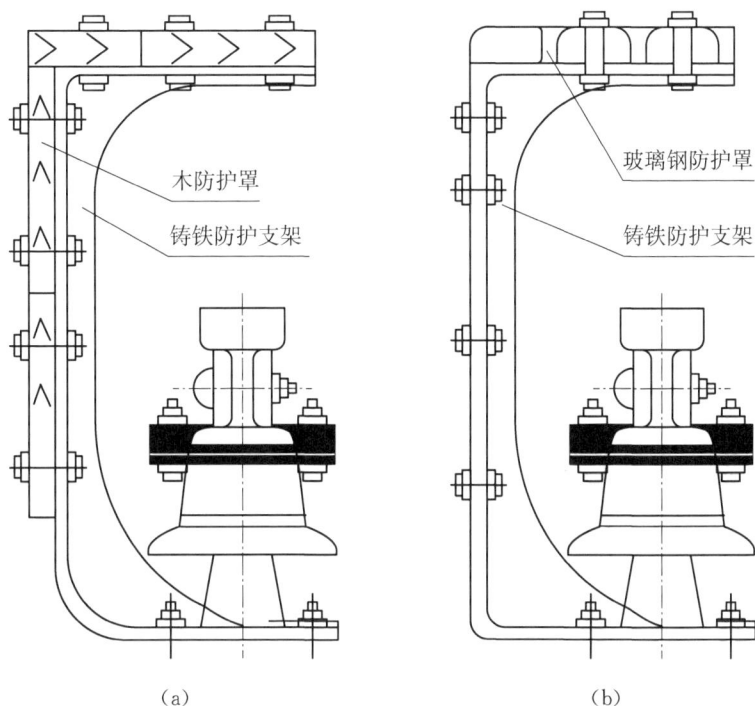

图 4-3　接触轨结构安装

(a)上接触式接触轨；(b)下接触式接触轨

上接触式接触轨因受流靴在其上面滑动，所以固定方便，但不易加防护罩。上接触式第三轨施工作业简便，可以在轨头上部通过支架安装不同类型的防护板。北京城轨、天津城轨一号线（延伸）等采用上接触式第三轨。

2）下接触式

下接触式是接触轨面朝下安装，下接触式轨头朝下，通过绝缘肩架、橡胶垫、扣板收紧螺栓、支架等安装在底座上［见图 4-3(b)］。下接触式的优点是防护罩从上部通过橡胶垫直接固定在接触轨周围，对人员安全性好。莫斯科城轨就采用这种方式，利于防止下雪或冰冻造成集电困难。但是，这种安装方式结构较复杂，费用较高。武汉轨道交通一号线等采用下接触式。

3）侧接触式

侧接触式是近年来新开发的一种接触轨悬挂方式。侧接触式就是接触轨轨头端面朝向走行轨，集电靴从侧面受流。跨座式独轨车辆就采用侧面接触形式。其受流器装在转向架下部，接触轨装在轨道梁上。

2. 按材质分类

按照轨材质不同，接触轨可分为高电导率低碳钢导电轨和钢铝复合轨。

1）高电导率低碳钢导电轨

低碳钢导电轨主要的特点是磨耗小、制作工艺成熟、价格较低，主要规格有 DU48 和

DUS2 型,如北京城轨系统。

2)钢铝复合轨

钢铝复合轨是由钢和铝组合而成,其工作面是钢,而其他部分是铝。它的主要特点是电导率高、质量轻、磨耗小、电能损耗低。

钢铝复合轨与低碳钢接触轨相比,具有以下优势:

(1)电导率高,电压降及车引能耗成比例下降,因此可加大供电距离约 1.4 倍,适当减少牵引变电站的数目。

(2)不锈钢接触面光滑、耐腐蚀、耐磨耗,可延长接触轨与受流器的寿命。

(3)质量轻,便于施工安装。

正因为钢铝复合轨有以上优势,采用钢铝复合轨已成为趋势。我国不少城市的轨道交通项目均使用钢铝复合轨方式。

接触轨(第三轨)受电方式最早在伦敦城市轨道施工中采用,由于接触轨构造简单、安装方便、可维修性好,并对隧道建筑结构等的净空要求较低,受流性能满足 DC750V 供电的需要,因而在标准电压 DC750V 供电系统中得到广泛的应用。其中接触轨为正极,走行轨为负极。

接触轨系统允许电压波动范围为 DC500~900 V。

第三轨系统可降低隧道上方净空,节省投资,具有供电线路维修工作人员少、架设不影响周围的景观等优点。

第三轨系统采用高导电性的钢铝复合接触轨,因此可以不用额外敷设沿线的馈电电缆;单位电阻小,可降低车引网电能损耗,从而有效地节约运营成本;质量轻,易于调整,接触轨之间采用接板机械连接,不需要现场焊接,因此安装简便;复合材料制成的接触轨支架具有低维护、耐腐蚀的特点,可以有效降低生命周期成本;安装位置在走行钢轨旁边,对铁路周围景观影响较小;钢铝复合轨与电力机车集电靴之间的接触面为不锈钢层,因此使用寿命长。

任务实施

指导老师将准备好的上接触式、下接触式、侧接触式接触轨和低碳钢材质块、钢铝复合材质块进行编号。各组学生依次对编号接触轨与样块进行观察,并将接触轨和样块类别按编号汇总记录至表 4 - 4。

表 4 - 4   接触轨及材质样块观察记录表

编号	接触轨类别/样块材质	备注
1		
2		
3		

续　表

编号	接触轨类别/样块材质	备注
4		
5		

任务评价

按照各学生提交的观察记录表,指导老师进行评价,并将评价结果记录至表 4-5。结合自身表现和指导老师评价,学生对此次任务实施进行总结。

表 4-5　任务实施评价表

评价项目	评 价 标 准	满分	实际得分	备注
操作技能	(1) 正确识别接触轨的三种类别; (2) 样块的材质判断无误	80		
参与程度	全程认真参与,过程中善于发现问题,积极沟通交流	10		
合作意识	(1) 积极参与小组合作探讨,勇于接受小组任务,敢于 　　承担责任; (2) 小组分工明确,各组员取长补短	10		
总分		100		

思考与练习

(1) 接触轨的分类有哪些,分类依据是什么?

(2) 上接触式、下接触式和侧接触式的各自优点是什么?

(3) 还有什么材料适合制成接触轨?

任务 4.4   城市轨道交通牵引供电接触轨供电回路

本任务要求学生了解城市轨道交通供电的完整回路,掌握目前普遍存在的供电回路形式,能绘制主流的大型双边供电线路图。前期准备工作如下:

(1)指导老师将学生分组,下达任务。各组学生根据任务制订计划书,明确学习目标及组内分工等内容;

(2)根据分工,各组学生查阅资料,整理城市轨道交通供电方式及特点,掌握各供电方式的电气线路图;

(3)根据任务计划书学习相关知识,各组学生实施任务。

4.4.1   概述

现今,城市轨道交通地铁用电大多采用 DC1500V 制式,从主变电出来的电,经过降压变压器、牵引变压器、整流柜,再通过接触网或第三轨供电给列车,又经走行轨、回流线回到整流柜构成闭合回路。

4.4.2   牵引变电所接触轨供电回路

采用接触轨供电方式,其直流牵引系统的电流走向是整流柜正极→总用→直流正母线分闸→上网柜→第三轨→机车受流器→机车断路器→车引电机→走行轨→回流线→回流箱→回流电缆→直流负极母线→电动隔离开关→负极电缆→整流柜负极(见图 4-4)。

4.4.3   牵引变电所向接触网的供电方式

牵引变电所向接触网供电有两种方式:单边供电和双边供电(见图 4-5)。接触网通常在相邻两牵引变电所间的中央断开,将两车引变电所之间两供电臂的接触网分为两个供电分区。每一供电分区的接触网只从一端的牵引变电所获得电流,称为单边供电。

如果在中央断开处设置开关设备,可将两供电分区连通,此处称为分区亭。将分区亭的断路器闭合,则相邻车引变电所间的两个接触网供电分区均可同时以两个变电所获得电流,这称为双边供电。

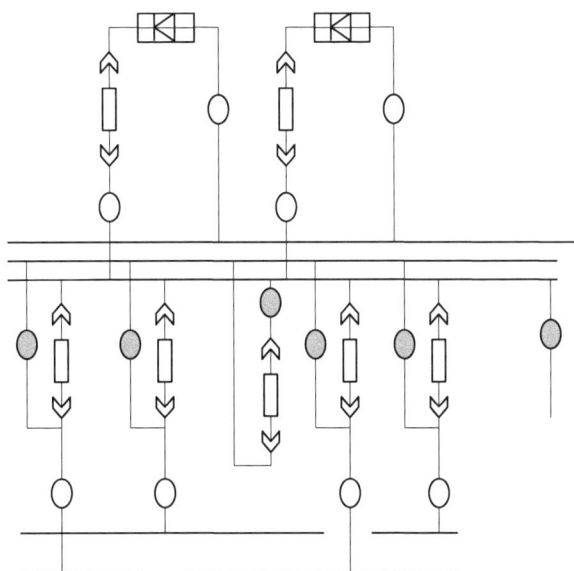

图 4-4　牵引变电所接触轨供电回路

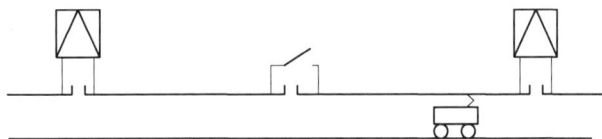

图 4-5　接触网供电原理

小组讨论

结合图 4-5 描述接触网是如何供电的?

1. 单边供电

单边供电指馈电区只从一侧牵引变电所取得电源。单边供电只是运行中一种可能采用的临时供电方式,是在特定条件下运营中可能采用的措施。虽然单边供电有很多不足,但在下列场合仍使用单边供电方式:

(1) 在车场线、停车线、检修线、试车线中使用,因这些线路上的车辆少、取流小。

(2) 当线路终端车引变电所因故障解列或一路馈线开关因故障退出运行时,如由于单边供电距离长,最大电压损伤超过允许值,为减少牵引网回路电阻,可在终端变电所处将上、下行接触网并联。

2. 双边供电

双边供电是指任何一个馈电区同时从两侧牵引变电所取得两路电源。城轨的车引供电系统,在正线的设计和运营中,均应采用双边供电方式,因为双边供电比单边供电具有以下优点。

(1) 牵引网的电压损失,双边供电是单边供电的 $1/4\sim1/3$。

(2) 牵引网的功率损失,双边供电是单边供电的 $1/4\sim1/3$。

(3) 双边供电时,列车的再生能量可以被同行列车吸收。当双边供电时,再生能量通常被同行列车利用;而单边供电时,再生能量被其他同行列车吸收的可能性较小。

(4) 双边供地时,走行轨的对地电位为单边供电的 $1/4\sim1/3$,所以其杂散电流值仅为单边供电的 $1/4\sim1/3$。

3. 大双边供电

鉴于双边供电比单边供电有很多优点,即使在一座牵引变电所因故障解列时,也应采取技术措施实行大双边供电,同时应自动达成双边联跳条件的转换,这样可以减少牵引供电所数量,既节省一次建设投资又减少运营费用,同时减少列车启动时的电压损失,降低功率损耗,有利于列车运行,并且不影响运送旅客的能力,这对运营是非常有利的。实现大双边供电有以下两种方式。

头脑风暴

既然有了双边供电,是不是单边供电被彻底淘汰了?

1) 利用解列的牵引变电所直流母线构成大双边供电

利用牵引变电所直流母线构成大双边供电的条件是:

(1) 牵引变电所只有两套整流机组退出运行。

(2) 直流母线、上下行四路馈线开关及其二次回路完好无损,且能正常运行。

这样构成大双边供电(见图 4-6)的优点是简单方便,容易实现;缺点是凡涉及直流母线或四路馈线开关的任何故障都不适用这种方式。利用故障变电所的直流母线将上下行

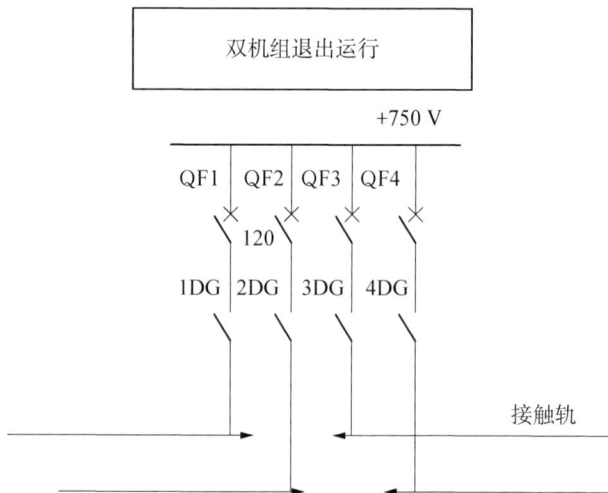

图 4-6 利用直流母线构成大双边供电

的接触轨并联起来,虽然改善了电压质量、降低了损耗,但同时会扩大事故范围:因接触轨一点发生短路故障时,可能引起多路馈线、出线发生开关跳闸,从而使事故范围扩大。

　　2) 利用纵向电动隔离开关构成大双边供电

　　当牵引变电所因故障解列时,利用电分段处的纵向电动隔离开关构成大双边供电,使整座牵引变电所(含隧道开关柜)退出运行,牵引网运行不受故障牵引变电所的影响,图 4-7 中两台纵向电动隔离开关 1ZDG、2ZDG 处于合闸状态。

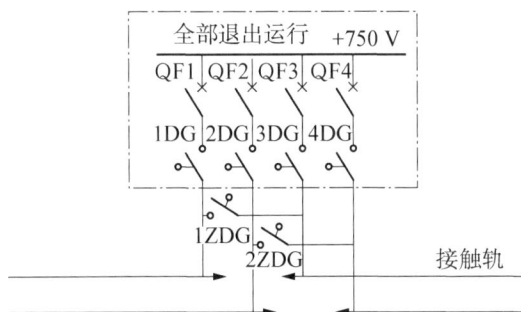

图 4-7　利用纵向电动隔离开关构成大双边供电

任务实施

　　各组学生在指导老师的随机选择下,在表 4-6 上画出利用解列的牵引变电所的直流母线构成大双边供电或者利用纵向电动隔离开关构成大双边供电线路图。

表 4-6　大双边供电线路图

类型	供电线路图

任务评价

　　按照各学生提交的大双边供电线路图,指导老师进行评价,并将评价结果记录至表 4-7。结合自身表现和指导老师评价,学生对此次任务实施进行总结。

表 4-7　任务实施评价表

评价项目	评 价 标 准	满分	实际得分	备注
操作技能	(1) 大双边供电种类理解正确; (2) 对应线路图绘制无误	80		
参与程度	全程认真参与,过程中善于发现问题,积极沟通交流	10		
合作意识	(1) 积极参与小组合作探讨,勇于接受小组任务,敢于承担责任; (2) 小组分工明确,各组员取长补短	10		
总分		100		

思考与练习

(1) 画电路图,包括从变压器一端开始,经接触网、车辆、走行轨、回流线至变压器另一端的完整牵引供电电路回路。

(2) 牵引变电所向接触网供电的三种不同方式各有什么特点?

任务 4.5　城市轨道交通牵引供电接触网供电方式

任务准备

本任务要求学生掌握柔性架空接触网与刚性架空接触网的组成及特点,学会区分及安装柔性架空接触网和刚性架空接触网。前期准备工作如下:

(1) 指导老师准备柔性架空接触网与刚性架空接触网的模型零部件并将学生分组,下达任务。各组学生根据任务制订计划书,明确学习目标及组内分工等内容;

(2) 根据分工,各组学生查阅资料,整理城市轨道交通柔性架空接触网与刚性架空接触网的组成及特点;

(3) 根据任务计划书学习相关知识,各组学生实施任务。

4.5.1　概述

架空接触网是将接触导线架设于车体上方的一种接触网形式,电动列车通过受电弓从架空接触网取得电流。目前,国内多个城市的轨道交通都采用架空接触网的供电方式,例如上海城轨、广州城轨等。

4.5.2　架空接触网供电制式

根据《城市轨道交通直流牵引供电系统》(GB 10411—2005)规定,我国城轨的架空接触网有以下两种制式:直流 1 500 V 和直流 750 V。目前,新建地铁线路及大多数老线地铁改造,基本采用直流 1 500 V 制式。

4.5.3　架空接触网供电形式

接触网正常运行时采用双边供电,在其中牵引变电所故障解列时,允许采用大双边或单边供电。接触网不允许纽结式供电,即不允许由三个及以上的牵引变电所向同一个电分段牵引网供电。

4.5.4　架空接触网的类型

架空接触网分为柔性和刚性悬挂两种形式。

1. 柔性架空接触网

柔性架空接触网(见图 4 - 8)由带张力的柔性金属导线组成。在运行过程中,电动列车的受电弓与接触线保持可靠的弓网压力,并进行动态取流。其主要特点是以线索形式存在,隧道净空要求较大,运营维护的工作量也较大,能够满足较高的运速要求。通常在城轨高架或地面运行时使用柔性接触网。

图 4-8   柔性架空接触网

2. 刚性架空接触网

刚性架空接触网是相对传统的柔性接触网而言的,为了更有效地利用地下隧道的空间而开发的一种接触网(见图 4-9)。它将传统的接触线夹装在汇流排中,用汇流排取代了承力索,并靠它自身的刚性保持接触线的固定位置,使接触线不因重力而产生较大松弛度。刚性架空接触网节省隧道空间,可靠性高,耐磨性好,接触网零件简单,维修成本大大降低。刚性架空接触网从 20 世纪 90 年代起得到较快发展。我国广州、南京等地的城轨采用刚性架空接触网形式。

图 4-9   刚性架空接触网

4.5.5　架空接触网系统的组成

架空接触网系统由接触悬挂和支持装置两大部分组成。接触悬挂中的接触导线采用高导电率的银铜合金制成,承力索采用硬铜绞线,支持装置采用旋转腕臂方式或软横跨方式。由受电弓与接触导线接触受电。

架空接触网是设置在沿轨道线路的供电设备。它受到各种自然条件的影响,如风吹、气温变化、雨淋和冰覆等。法国的里昂城轨、英国的纽卡斯尔城轨、日本的神户城轨以及我国的上海、广州、深圳等城轨就采用了架空接触网方式。

任务实施

指导老师将接触网模型零部件进行编号,在指导老师监督下,各组学生轮流利用柔性架空接触网与刚性架空接触网模型零部件进行识别并组装。模型部件识别后记录至表 4 - 8。

表 4 - 8　接触网零部件观察记录表

编号	零部件名称	编号	零部件名称
1		6	
2		7	
3		8	
4		9	
5		10	

任务评价

按照各组学生的组装结果及提交的观察记录表,指导老师进行评价,并将评价结果记录至表 4 - 9。结合自身表现和指导老师评价,学生对此次任务实施进行总结。

表 4 - 9　任务实施评价表

评价项目	评 价 标 准	满分	实际得分	备注
操作技能	(1) 零部件识别正确; (2) 接触网安装正确	80		
参与程度	全程认真参与,过程中善于发现问题,积极沟通交流	10		
合作意识	(1) 积极参与小组合作探讨,勇于接受小组任务,敢于承担责任; (2) 小组分工明确,各组员取长补短	10		
总分		100		

思考与练习

（1）架空接触网适合应用在什么场合？

（2）柔性架空接触网和刚性架空接触网各有何特点？

项目 5　城市轨道交通牵引降压混合变电所及各中压供电设备

项目导读

城市轨道交通供电系统是为运营提供所需电能的系统,它一方面为城市轨道交通电客车提供牵引用电,而且还为城市轨道交通运营服务的其他设施提供动力、照明等用电。牵引降压混合变电所是城市轨道交通供电系统的重要一环,起到了承上启下的作用,主要由电气绝缘密闭组合电气(AC35kVGIS)开关柜、DC1500V开关柜、双向变流装置、负极柜、整流器装置、单向导通装置、轨电位控制柜等设备组成,为电客车提供牵引用电,还为轨道交通运营服务的场所如车站、车辆段、运营控制中心供应电能。但这些中压供电设备是如何组成并运作的呢? 本项目,将学习城市轨道交通牵引降压混合变电所及各中压供电设备,来了解牵引降压混合所设备原理及特性。

学习目标

(1)掌握中压供电设备的功能、工作原理、技术参数、配置及结构;
(2)掌握城市轨道交通 DC1500V/750V 制式的原理;
(3)了解牵引降压所和降压所的区别;
(4)熟悉牵引降压所各设备的组成。

任务 5.1　城市轨道交通 AC35kVGIS 开关柜

任务准备

本任务要求学生了解并掌握城市轨道交通 AC35kVGIS 开关柜设备结构、元器件及原理,前期准备工作如下:

（1）指导老师将学生分组，下达任务。各组学生根据任务制订计划书，明确学习目标及组内分工等内容；

（2）根据分工，各组学生查阅资料，整理城市轨道交通 AC35kVGIS 开关柜设备的结构、元器件及原理；

（3）根据任务计划书学习相关知识，各组学生实施任务。

5.1.1　概述

GIS 是由断路器、隔离开关、接地开关、互感器、避雷器、母线、连接件等单元组成。封闭在接地的金属体内，其内部充有一定压力并有优异灭弧和绝缘能力的 SF_6 气体。由于 GIS 即封闭又组合，故占地面积小，占用空间少，基本不受外界环境影响，不产生噪声和电磁干扰，运行安全可靠且维护工作量少，在城市轨道交通建设工程中得到广泛的应用。它的突出优点如下：

（1）最大限度地缩小整套配电装置的占地面积和空间体积，结构十分紧凑。特别适合城市轨道交通变电所的安装与使用。

（2）全封闭的电气结构，不受污染、雷雨、沙尘及盐雾等恶劣环境条件的影响，减少了设备事故的可能性，特别适合工业污染和气候恶劣以及高海拔地区。

（3）安装方便。因 GIS 已向三相共箱、复合化和智能化方向发展，一般由整件或若干单元组成，可大大缩短安装工期。

5.1.2　AC35kVGIS 开关柜结构

35kVGIS 开关柜是指用于电力系统发电、输电、配电、电能转换和消耗作业中起通电、控制或保护等作用的设备。35kVGIS 开关柜是变电站 35 kV 主要的电量控制设备，当系统正常运行时，能切断和接通线路及各种电气设备的空载和负载电流；当系统发生故障时，它能和继电保护配合迅速切除故障电流，以防止扩大事故范围。35kVGIS 开关柜具有高短路电流开断能力，和低正向电阻等特性。不管是水平安装还是垂直安装，都能确保在振动和谐波等极端条件下保持可靠开断。真空灭弧室在应用于断路器时能执行最高 10 000 次的操作循环。

以施耐德公司 WSG 系列为例：WSG 系列为 40.5 kV 金属封闭气体绝缘落地式开关柜，其参数可至 40.5 kV，2 500 A 和 31.5/80 kA。WSG 系列设计为单母线或双母线系统（见图 5 - 1），当安装、扩展、拆除时，可从开关柜正面进行拼接，由于采用了创新的母线连接 B-link，现场不需要任何特殊的气体处理。

该 GIS 每相有两个接地的铸铝圆筒外壳，呈 T 形排列。上部圆筒中装有母线、隔离开关，下部圆筒中装有真空断路器，电流互感器放在圆筒之下，电缆接头由下部引出。采用免维护的真空断路器、紧凑式的三工位隔离开关，断路器操动机构为弹簧储能操动机构。

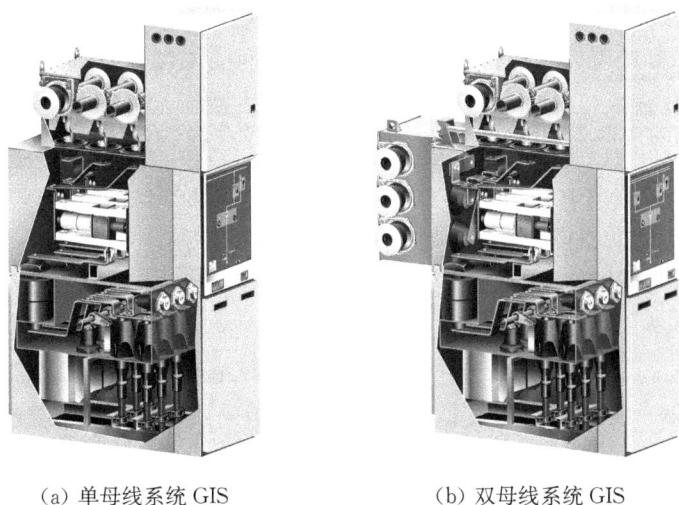

(a) 单母线系统 GIS　　　　　　　(b) 双母线系统 GIS

图 5 - 1　WSG 系列设计

小组讨论

　　除了 GIS 还有哪些开关柜,与它们对比 GIS 的优缺点有哪些?

1. 三工位隔离开关

　　三工位隔离开关常用于全封闭组合电气(GIS)中,所谓三工位是指三个工作位置:隔离开关主断口接通的合闸位置、主断口分开的隔离位置、接地侧的接地位置。

　　三工位隔离开关(见图 5 - 2)其实就是整合了隔离开关和接地开关两者的功能,并由一把刀来完成,这样就可以实现机械闭锁,防止主回路带电合地刀,因为一把刀只能在一个位置,而不像传统的隔离开关(主刀是主刀,地刀是地刀,两把刀之间就可能出现误操作)。而三工位隔离开关用的是一把刀,一把刀的工作位置在某一时刻是唯一的,不是在主闸合闸位置,就是在隔离位置或接地位置,避免了误操作的可能性。

图 5 - 2　三工位开关操作机构

　　为了防止危险情况以及误操作,采取了智能控制及保护单元防止误操作的联锁来保护运行人员及设备安全,主要具有电气联锁和机械联锁功能。

　　电气联锁可通过智能控制及保护单元对三工位隔离开关与断路器位置状态的接点检测,通过逻辑编程来实现,例如采用传统控制系统,位置状态的检测可通过微动开关实现,只有二次电源正常时才能实现电气联锁。

　　机械联锁只可在确定的条件下,通过三工位隔离开关的手动操动主轴实现。

当断路器处于合闸状态,三工位隔离开关的手动操作盖板是闭锁住的。只有断路器分闸后,相应的手动操作盖板才能打开,才能将操作手柄插入操作孔进行三工位隔离开关的操作。当手动操作盖板打开时,断路器无论电气还是机械都无法进行操作。

2. 电流互感器

电流互感器(current transformer,CT)是依据电磁感应原理将一次侧大电流转换成二次侧小电流来测量的元器件,35kVGIS开关柜一般采用穿芯式电流互感器,用来采集一次电流大小,供测量与保护使用。

3. 电压互感器

电压互感器(potential transformer,PT;voltage transformer,VT)和变压器类似,是用来变换电压的仪器。35kVGIS开关柜一般采用金属封闭式电压互感器是感应式互感器,采用模块化设计,采用插入式安装方式。电压互感器的一次绕组并联在电缆系统的线路中,二次绕组接有测量仪器、仪表、继电器等设备。

4. 金属氧化物避雷器

35kVGIS开关柜一般采用屏蔽式插接避雷器,内部采用电阻片作为故障时的放电材料,在发生故障时,为了避免接地故障,采用脱离装置,即发生故障情况时避雷器可自行脱离,降低故障损坏。采用金属封装,改善电场分布。

任务实施

指导老师准备各类城市轨道交通AC35kVGIS开关柜、元器件。各组学生轮流依次对各类设备的型号、名称、参数进行观察,并将主要参数等信息汇总记录至表5-1。

知识拓展　GIS设备介绍

表5-1　城市轨道交通低压成套开关设备观察记录表

编号	名称	型号	技术参数	作用
1				
2				
3				
4				
5				

任务评价

按照各学生提交的观察记录表及实际表现情况,指导老师进行评价,并将评价结果记录至表5-2。结合自身表现和指导老师评价,学生对此次任务实施进行总结。

表 5-2　任务实施评价表

评价项目	评 价 标 准	满分	实际得分	备注
操作技能	(1) 型号、名称记录准确； (2) 技术参数完整、准确； (3) 各设备作用分析准确； (4) 各设备结构特点描述准确	80		
参与程度	全程认真参与,过程中善于发现问题,积极沟通交流	10		
合作意识	(1) 积极参与小组合作探讨,勇于接受小组任务,敢于承担责任； (2) 小组分工明确,各组员取长补短	10		
总分		100		

思考与练习

(1) SF_6 断路器和真空断路器的区别。

(2) GIS 的共同特点是什么?

任务 5.2   城市轨道交通 DC1500V 直流开关设备

任务准备

本任务要求学生了解并掌握城市轨道交通 DC1500V 直流开关设备结构、元器件及原理,前期准备工作如下:

(1) 指导老师将学生分组,下达任务。各组学生根据任务制订计划书,明确学习目标及组内分工等内容;

(2) 根据分工,各组学生查阅资料,整理城市轨道交通 DC1500V 直流开关设备的结构、元器件及原理;

(3) 根据任务计划书学习相关知识,各组学生实施任务。

5.2.1   概述

金属封闭直流开关设备适用于轨道交通直流牵引供电系统,作为接受和分配电能之用,并对电路进行综合测量、保护和控制。产品满足电压等级从直流 600～1 800 V,电流从 2 600～6 000 A 的各种应用场合。

直流开关设备(见图 5-3)按照用途分为进线柜、馈线柜、负极柜、上网隔离开关柜等几

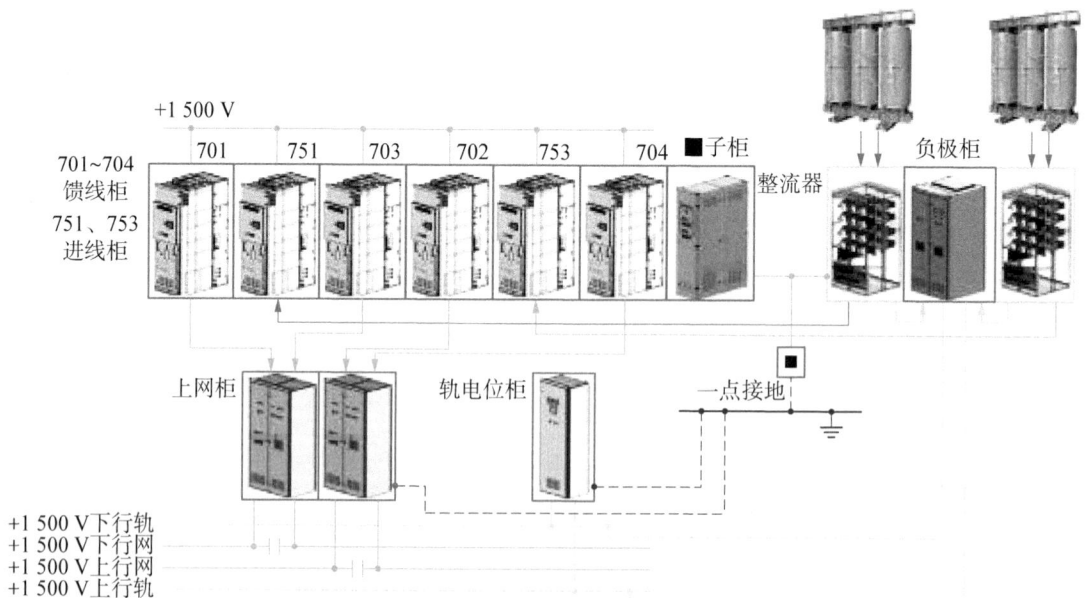

图 5-3   典型牵引变电所的直流开关柜设备配置图

种基本类型。直流开关设备实现对馈线、接触网或接触轨等设备的测控及保护。柜体内除了带有完成当地控制测量、保护功能所必须的元器件外，还配置了为实现远方监控用的转换开关及数据传送用的界面接口。

5.2.2　进线柜和馈线柜

进线柜又称正极柜，安装在整流器与正线母排之间，实现整流机组向直流正极母线馈电的控制和保护，柜内安装有直流断路器、微机保护装置等主要元器件，一般配置有逆流保护和过流保护等保护功能。

馈线柜又称馈出柜，安装在正极母线与上网隔离开关之间，实现了由直流正极母线向接触网或者接触轨馈电的控制和保护，实现对牵引系统供电，柜内安装有直流断路器微机保护装置等主要元器件，一般配置有电量保护、控制监控等保护功能。

以上统称为开关柜。

5.2.3　开关柜结构特点

开关柜为组合式结构，主要由带有各种功能小室的柜体和断路器手车两部分组成。开关柜前后均可开启，采用双面维护的方式。在断路器机械合/分闸指示部件处均开有观察窗，便于检修维护。

开关柜设计为框架组合式结构。柜内分隔为不同的功能单元（见图 5-4），分为：断路器室、大小母线和低压室等，有效防止事故蔓延；各隔室、小车的柜门上设置锁扣，并配有行程开关，提供安全闭锁。

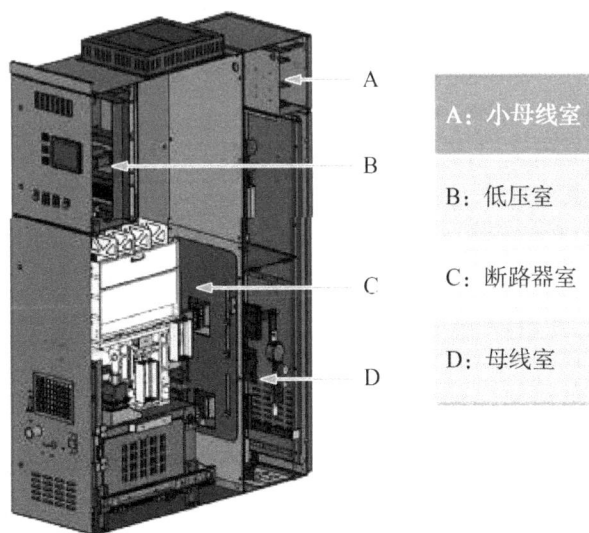

A：小母线室
B：低压室
C：断路器室
D：母线室

图 5-4　开关柜结构图

1. 隔室

1）断路器室

断路器手车装在有导轨的断路器室内，可在工作、试验/隔离两个不同位置之间移动。当手车从工作位置向试验/隔离位置移动时，活门会自动盖住静触头，反向工作则打开。手车能在开关柜门关闭的情况下操作，通过门上的观察窗可以看到手车上的合、分闸状态（红色表示合闸，绿色表示分闸）指示器和显示断路器合闸次数的计数器。

手车采用手动推进方式。当手车插入到工作位置时，安装在断路器的极柱上具有弹簧触头系统的触臂会压接在柜体母线铜排上，起到电气连接作用。手车与开关柜之间的信号、保护和控制线，通过重载连接器插头（航空插头）连接。手车推入断路器室时，手车两侧锁舌就与柜侧锁孔锁紧，此时手车处于试验位置，与此同时，手车也可靠地连接到开关柜的接地系统。手车的所处位置既可通过低压室面板指示灯确定，也可通过手车室观察窗内的翻牌颜色确定。

断路器室的顶部装有压力释放板，出现内部故障时，母线室内气压升高，由于柜门已可靠密封，高压气体将冲开压力释放板释放出来。相邻的开关柜由各自的侧板隔开，拼柜后仍有空气缓冲层，可以防止开关柜被故障电弧贯穿熔化。

2）母线室

封闭的母线室位于开关柜后部，母线室内安装主母排，并提供接触网或接触轨馈线电缆连接。断路器室和母线室之间设置绝缘触头活门挡板，当断路器手车检修移开时，活门自动关闭，防止操作者触及母线室内的带电部分。

母线室也可安装避雷器。当母线室门打开后，有足够的空间供施工人员进入柜内安装电缆。盖在电缆入口处的底板是分块组合可拆卸的，便于现场施工。底板中开孔与所装电缆大小相适应，以防小动物进入。同时、建议使用防火泥、环氧树脂对开关柜电缆进出缝隙进行密封。

3）低压室

低压室装配成独立隔室，与断路器室分隔开，其位于断路器手车的上部，小室内主要安装微机保护装置以及其他低压元器件。低压室面板上装有本地操作分合闸及故障复位的开关，以及显示实时信息的触摸屏。

4）小母线室

小母线室位于开关柜的背后，主要用于安装开关柜之间连屏的电源端子及通信线缆。

2. 主要元件

进馈线柜的电气回路分为主回路和二次回路（见图 5-5），直流电能由柜内铜排，流经主回路断路器，然后馈出给下级柜型，二次回路把通过各种传感器及隔离放大器监测到的信号传输给二次回路控制保护核心微机保护装置，完成监测监控和保护的动作功能。

1）快速直流断路器

快速直流断路器（见图 5-6），具有操作和保护两大功能，能对直流额定电压 600～

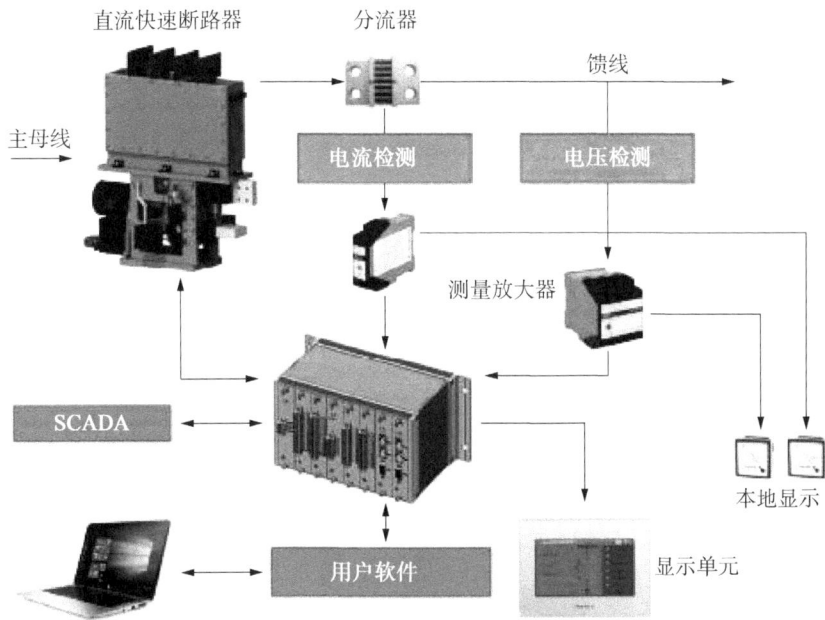

图 5-5　进馈线柜电气回路示意图

1800 V 电路中直流电机、整流机组和直流馈线等进行分闸、合闸操作,并在短路、过载时起保护跳闸作用。

图 5-6　直流快速断路器

和交流开关设备相似,直流开关一般由导电部分、灭弧部分、操作及传动部分等组成。

2) 微机保护装置

微机保护是用微型计算机构成的继电保护装置,广泛适用于电力系统继电保护领域,它具有高可靠性、高选择性、高灵敏度的优势。

微机保护装置的数字核心一般由 CPU、存储器、定时器/计数器、Watchdog 等组成。微机保护的硬件电路由六个功能单元构成,即数据采集系统、微机主系统、开关量输入输出电路、工作电源、通信接口和人机对话系统。软件由初始化模块、数据采集管理模块、故障检出模块、故障计算模块、自检模块等组成。

直流开关柜所使用的微机保护装置(见图 5-7)由触摸屏显示操作部分和微机装置本体,两个装置一起组成,联合运行。

图 5-7　微机保护装置

3. 联锁/保护装置

开关柜配备有完整可靠的联锁/保护闭锁装置,从根本上防止出现危险局面和可能引起严重后果的误操作,可以有效地保护操作人员和开关柜。联锁/闭锁装置按照性能分为以下两种:

1)机械联锁

断路器在分闸位置时,手车能从试验/隔离位置移动到工作位置。在这种分闸状态下,反向移动也可以(机械联锁)。断路器在合闸位置时,手车从试验/隔离位置移动到工作位置时,一旦位置发生改变,断路器会自动分闸,反向移动也是如此(机械和电气联锁)。手车已完全处于试验或工作位置时,断路器才能合闸(机械和电气联锁)。手车在试验或工作位置而没有控制电压时,断路器不能合闸,仅能手动分闸(电气联锁)。手车在锁定位置(手车进入试验位置后)时,控制线插头被锁定,不能拔出。断路器手车从试验/隔离位置移动到工作位置前必须先按下紧急分闸按钮并打开操作孔,才能操作,反向移动也是如此(机械联锁)。

2)电气保护

开关柜的电气保护功能由两部分组成,一部分为直流快速断路器本体所具备的电流速断保护,另外一部分为柜内微机保护装置所具备一系列的电气保护逻辑。

📠 任务实施

指导老师准备各类城市轨道交通 DC1500V 直流开关设备。各组学生依次对各类设备的铭牌及结构、部件进行观察,并将主要参数等信息汇总记录至表 5-3 中。

表 5-3   城市轨道交通 DC1500V 直流开关设备观察记录表

编号	名称	型号	技术参数	作用	结构特点
1					
2					
3					
4					
5					

任务评价

按照各学生提交的观察记录表及实际表现情况,指导老师进行评价,并将评价结果记录至表 5-4。结合自身表现和指导老师评价,学生对此次任务实施进行总结。

表 5-4   任务实施评价表

评价项目	评 价 标 准	满分	实际得分	备注
操作技能	(1) 型号、名称记录准确; (2) 技术参数完整、准确; (3) 各设备作用分析准确; (4) 各设备结构特点描述准确	80		
参与程度	全程认真参与,过程中善于发现问题,积极沟通交流	10		
合作意识	(1) 积极参与小组合作探讨,勇于接受小组任务,敢于承担责任; (2) 小组分工明确,各组员取长补短	10		
总分		100		

思考与练习

(1) DC1500V 直流开关设备采用哪种灭弧方式?

(2) DC1500V 直流开关设备磁保持和电保持从功能上有何不同之处?

(3) DC1500V 直流开关设备电流电压采集系统的原理。

任务 5.3   城市轨道交通双向变流器

任务准备

本任务要求学生了解并掌握城市轨道交通双向变流器设备结构、元器件及原理，前期准备工作如下：

（1）指导老师将学生分组，对直流控制柜正面及背面各个部件进行编号，下达任务。各组学生根据任务制订计划书，明确学习目标及组内分工等内容；

（2）根据分工，各组学生查阅资料，整理城市轨道交通双向变流器设备的结构、元器件及原理；

（3）根据任务计划书学习相关知识，各组学生实施任务。

5.3.1   概述

相对于其他交通方式而言，城市轨道交通具有安全、舒适、快速、运量大和节能环保等特点。但是伴随路网规模的扩大和客运量的剧增，城市轨道交通能源消耗总量也大幅增长，列车制动能量浪费严重问题日益备受关注。

为了解决机车制动电能的吸收利用，世界各轨道交通发达的国家，都在积极探讨制动能量的利用模式，并陆续提出了电阻吸收、电容储能、逆变（包括逆变至中压和逆变至低压）、双向变流器（见图 5-8）等各种方式。目前，主流的再生能馈系统为中压逆变型能馈，

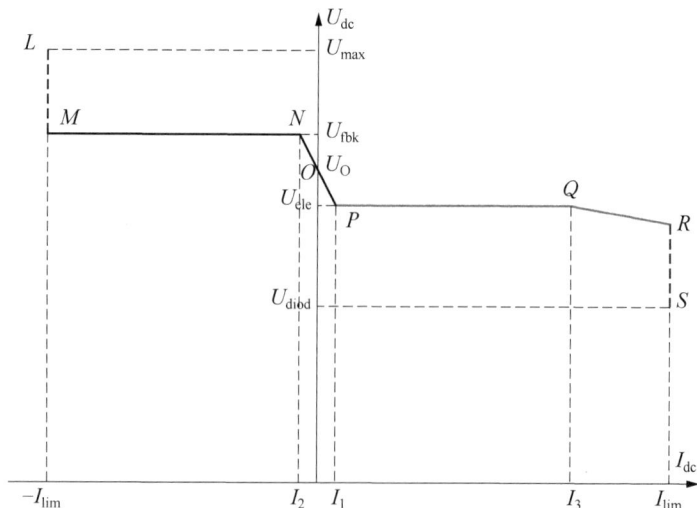

图 5-8   双向变流器混合供电控制策略示意图

双向变流器因具有整流与逆变功能,成为技术发展主流方向。

　　双向变流器:一种由全控型器件按照一定的拓扑结构组成的超大功率变流设备,用于将列车制动能量逆变为交流电能回馈至 35 kV 中压环网,供其他设备使用;也可将交流电能整流为网压稳定的直流电能,供电客车牵引取流[相当于整流机组(见图 5 - 9)功能升级]。

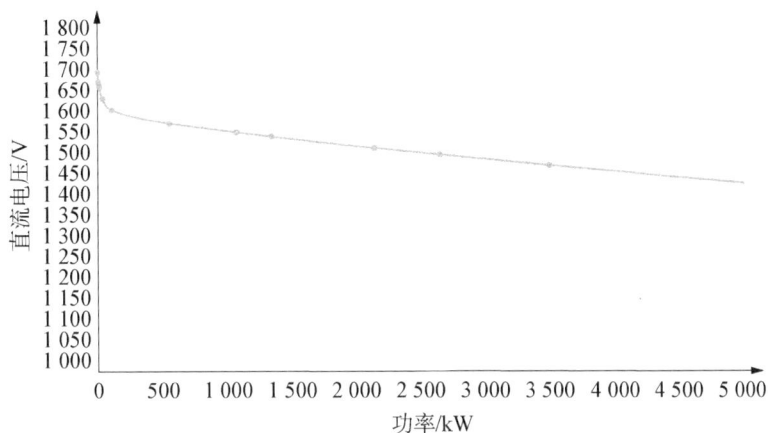

图 5 - 9　整流机组电压/功率曲线

5.3.2　双向变流器的优势

1. 直流网压平稳

　　无论在整流还是在逆变工作状态,双向能量变换装置的直流网压均可稳定在设定电压,牵引站正负偏差不超过 50 V。为列车牵引系统、辅助供电系统提供了良好的供电支撑,降低安全隐患。结合潮流优化治理,可显著降低杂散电流、轨电位等问题的影响(见图 5 - 10)。

2. 优化线路损耗

　　由于直流网压可控,牵引和回馈电能必然由近端牵引站输出和回馈,避免越区传输;同时可合理地设定运行电压、减小线路损耗,其特性曲线图表现较好(见图 5 - 11)。

3. 供电兼容改善

　　对于无功功率,双向能量变换装置可随时进行分布式补偿,可取消主变电所集中补偿装置。双向能量变换装置对网侧电压波动具有宽范围适应区间,在正负 15% 的波动区间内可保持直流网压稳定不受影响。

4. 极限安全提高

　　当出现两个或更多个牵引站退出时,双向能量变换装置可主动提升网压,超越大双边运行模式,仍可保证系统正常运行。

5. 核心设备可控

　　采用双向能量变换装置做为核心供电设备,其功率大小和流向均可控,可显著提高系统的信息化和智能化程度,为提高供电系统的安全和效率提供了有力的保证。

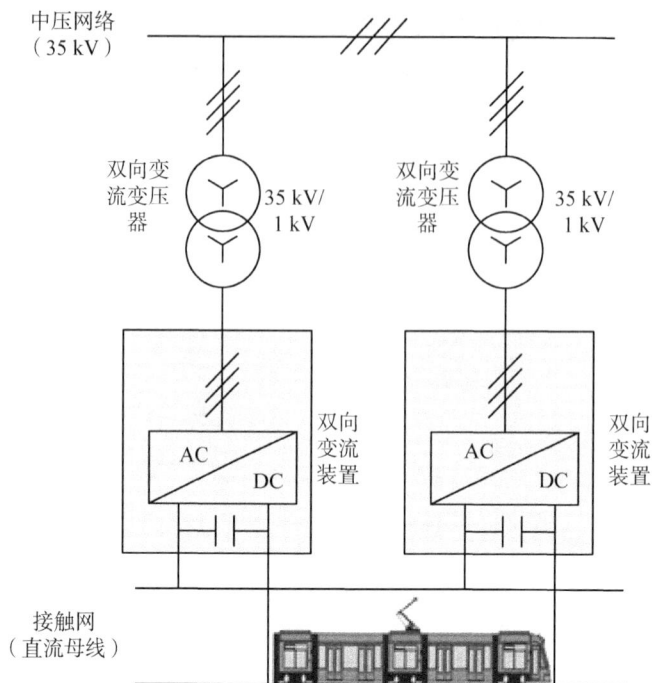

图 5 - 10   双向变流器整流主回路

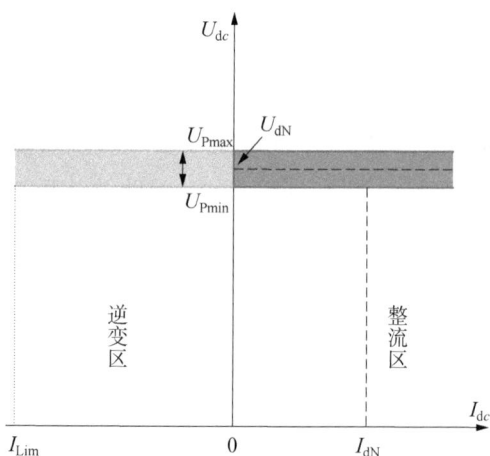

图 5 - 11   双向变流器特性曲线图

6. 占地面积不变

双向能量变换装置占地面积及体积和原二极管整流装置基本相当,无需增加土建成本。对于未预留能馈位置的早期运行线路来说,是较为可行的改造方案。

5.3.3   双向变流器设备结构

1. 直流控制柜结构

直流控制柜部件安装于正面和背面内部空间处,正面结构及各器件名称如图 5 - 12 所示,背面内部空间及器件名称如图 5-13 所示。

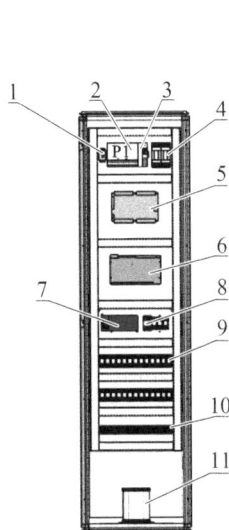

1—AC 滤波电源;2—SIOT 电源;3—UPS;4—空气开关;5—主控板;6—辅助控制板;7—PLC;8—预充接触器;9—中间继电器;10—端子排;11—预充变压器。

图 5-12　直流控制柜正面结构图

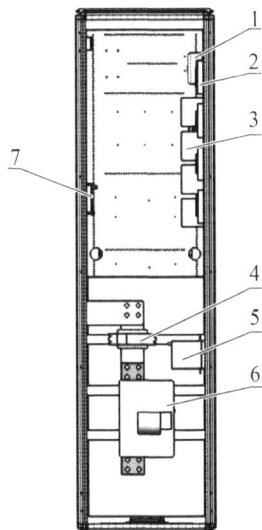

1—预充电阻;2—预充整流桥;3—开关电源;4—电流传感器;5—过流继电器;6—电动隔离开关;7—AD 采样板。

图 5-13　背面内部空间结构图

2. 双向能量变换装置逆变柜

双向能量变换装置逆变柜的正视图如图 5-14 所示,逆变柜主要由 6 组功率单元组成。

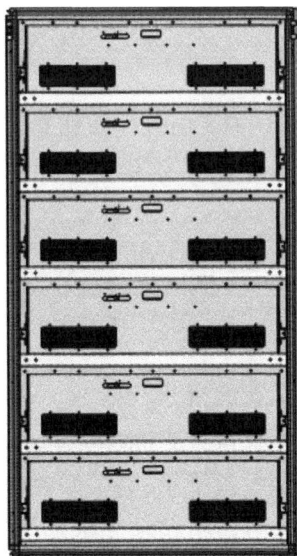

图 5-14　双向能量变换装置逆变柜

功率单元包括功率器件及驱动、脉冲触发板、散热器、散热风机及供电系统,其主要完成的功能是将制动能量的直流电能逆变为交流电能回馈至 35 kV 侧,将交流电能整流为稳压直流电能为电列车牵引供电,并对电网实施无功补偿。

双向能量变换装置逆变柜背面图及各器件布置如图 5 - 15 所示。

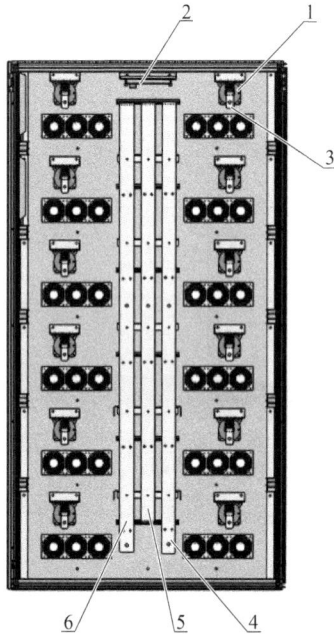

器件代号	器件名称	器件功能
1	电流传感器	交流侧电流信号测量变换
2	电压传感器	直流侧电压信号测量变换
3	交流母线	交流侧进线接线母排
4	直流负母线	直流负极输出接线母排
5	直流零母线	三电平零母线,仅内部存在,无输出
6	直流正母线	直流正极输出接线母排

1—电流传感器;2—电压传感器;3—交流母线;4—直流负母线;5—直流零母线;6—直流正母线。

图 5 - 15 双向能量变换装置逆变柜背面图

3. 双向变流器设备原理

1) 柜门操作显示单元

柜门操作显示单元(见图 5 - 16)主要由操作按钮指示灯、人机界面组成,其中柜门的操作按钮具备以下功能:

(1) 急停:用于在紧急状态时停止系统工作。

(2) 近控/远控:用于就地操作及远程操作的切换。

(3) 启动:用于提供装置运行的指令。

(4) 停止:用于提供装置停止运行的指令。

(5) 运行方式选择:用于选择运行模式或检修模式。

柜门指示灯指示内容包括辅助电源指示、高压开关柜合闸指示、直流开关柜合闸指示、故障报警声光指示;柜门仪表显示内容包括直流电压、直流电流;柜门装设有触摸屏一块,通过触摸屏操作,可以实现对系统运行状态

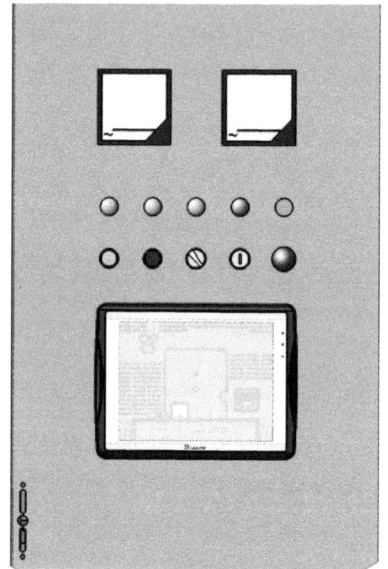

图 5 - 16 柜门操作显示单元

的实时显示、用户级参数修改、工厂级参数修改等功能,同时对故障进行记录和显示。

2) 辅助控制电源

设备的辅助控制电源由 AC220V 和 DC110V 组成,AC220V 进线电源主要为预充回路、照明及加热器提供电源。DC110V 由两路组成,其中一路为冷却系统以及隔离开关提供操作电源;另一路为装置的主控板、辅助控制板、AD 采样板、PLC 以及继电器等提供电源。为提高设备工作的可靠性和连续性,故设置 UPS 电源为控制通信系统、信号采集系统、脉冲触发单元以及功率单元的驱动板提供工作电源。

3) 信号采集系统

信号采集系统主要包括模拟量信号采集和开关量信号采集。

模拟信号采集主要由 AC 采样板采集完成后光纤通信至主控板,供主控板控制运算、保护运算用,采集的信号内容为:

(1) 交流电流信号采集:12 通道。

(2) 直流电压信号采集:1 通道。

(3) 同步信号采集:3 通道。

开关量信号采集由西门子 SmartPLC 完成,其具有 24 路开关量输入通道,16 路开关量输出通道,用于外围信号采集及控制信号输出,同时西门子 SmartPLC 具有通信功能,可完成与数据采集与监视控制系统(supervisory control and data acquisition, SCADA)的控制信号采集和能馈装置设备数据上传。

4) 冷却系统

双向能量变换装置的冷却系统采用了分布式散热的冷却方式,风机采用德国 EBM 低噪高转速直流冷却风机(见图 5 - 17)。冷却系统在设计及选型时均考虑了较大的余量,如图 5 - 17 所示,每个散热器配备三台冷却风机。此外,装置外壳及内部安装底板均采用导热性较好的冷轧钢板及覆铝锌板,并在顶部及底部设置通风口,更加有利于形成空气对流,提高整个装置的散热性能。

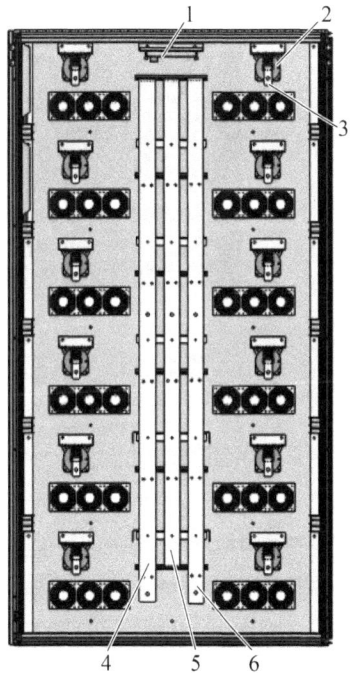

图 5 - 17　双向能量变换装置
冷却系统

5) 控制及通信系统

控制系统主要包括主控板及西门子 SmartPLC,主控板根据信号采集系统上传的开关量、模拟量等信号完成矢量运算,并控制脉冲分配板完成对 IGBT 的脉冲触发,使双向能量变换装置完成逆变回馈、牵引辅助供电、无功补偿等功能;另外,主控板在完成运算功能的同时,还需对主回路运行数据进行检测及保护,并将数据通信上传,使装置可靠运行;西门子 SmartPLC 主要完成系统的状态检测、逻辑控制、逻辑保护等功能,同时 PLC 承担着与 SCADA 通信的功能,通信系统如图 5 - 18 所示。

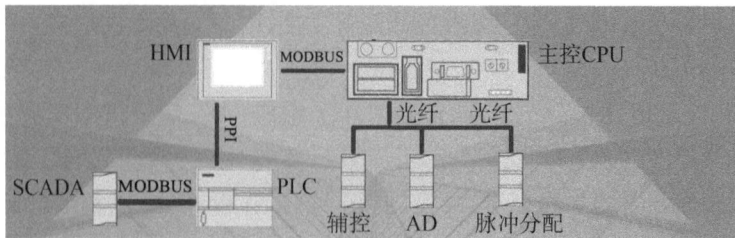

图 5-18 控制及通信系统图

6）电平原理图

双向变流器设备原理包括两电平线原理及三电平线原理，两电平线电压波形如图 5-19 所示，三电平线电压波形如图 5-20 所示。

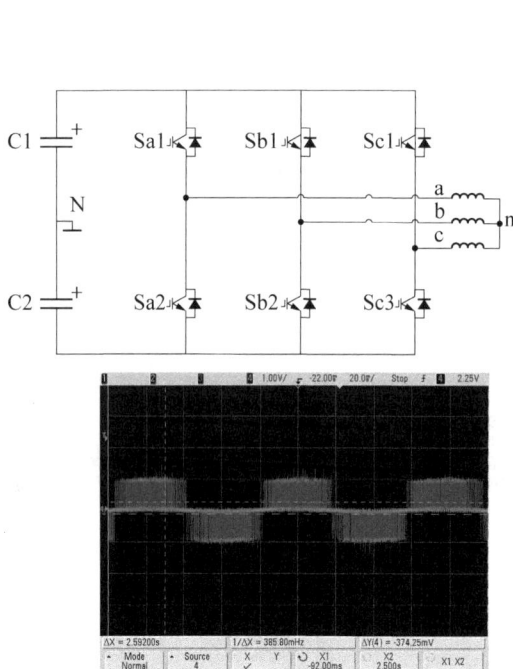

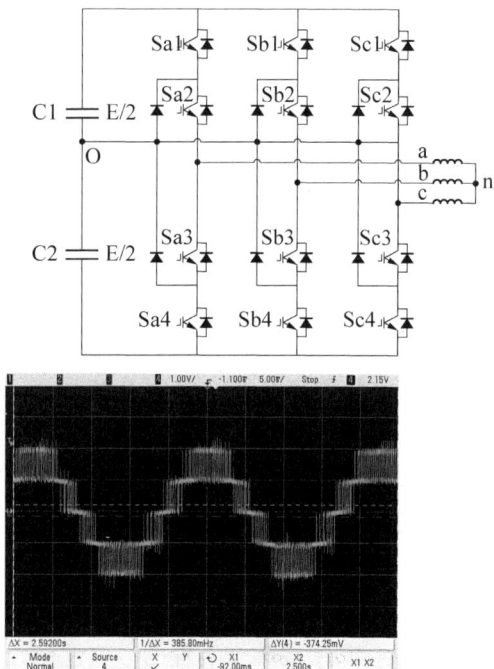

图 5-19 两电平线电压波形图　　　　　　图 5-20 三电平线电压波形图

7）主回路原理图

如图 5-21 所示，双向变流器由 6 个功率单元组成，每个功率单元由 2 个三电平桥臂组成，整柜由 6 个功率单元构成 4 组全控三电平整流桥，由两路交流进线为整柜提供交流输入电源，6 个功率单元在直流侧并联后输出一路直流电源。整柜运行容量为：

（1）额定 2 MW 直流功率，可长期运行。

（2）1.5 倍过载 3 MW 直流功率，可运行 2 h。

（3）3 倍过载 6 MW 直流功率，可运行 1 min。

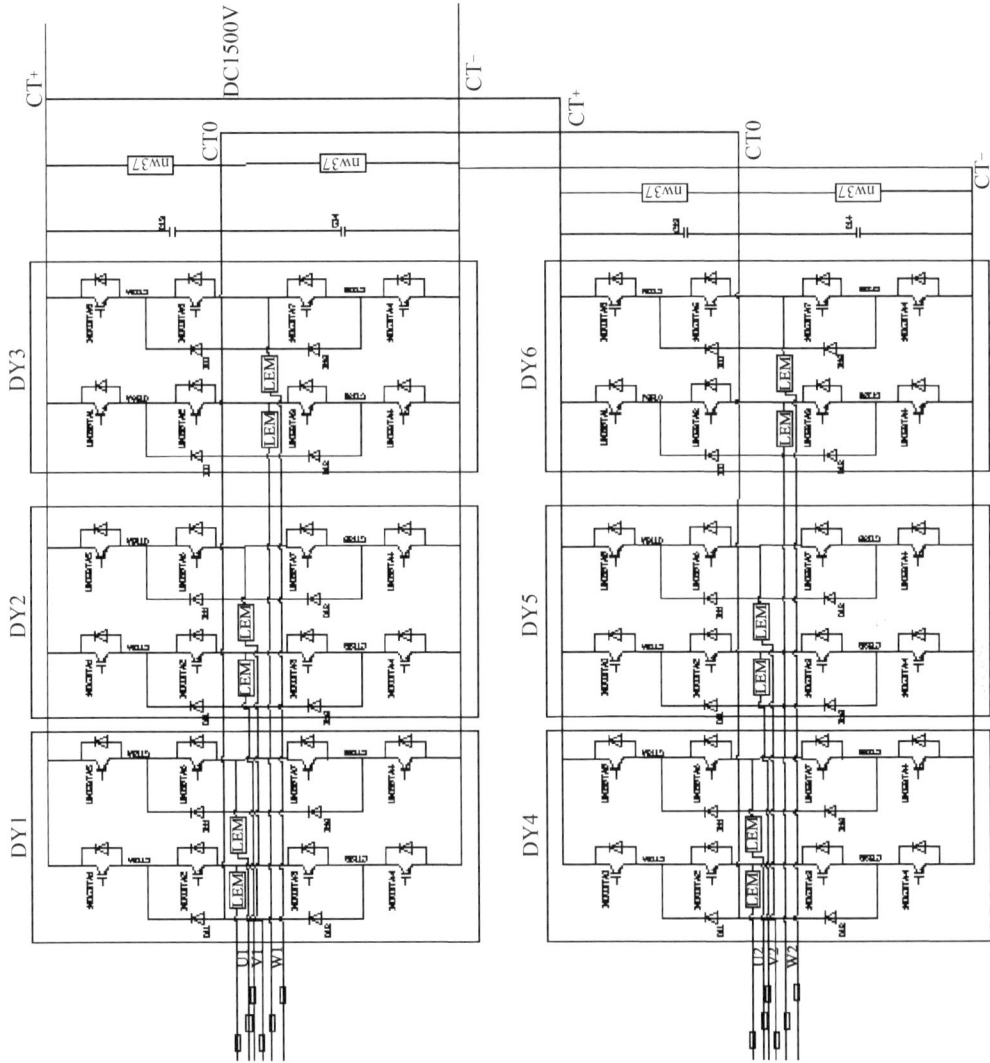

图 5 - 21　主回路原理图

小组讨论

过载运行对设备的使用寿命具有一定的损耗,为什么要具有可过载运行时间?

任务实施

指导老师将双向变流器直流控制柜部分的正面部件和反面部件进行编号。各组学生依次观察直流控制柜正面及背面并将部件名称等信息汇总记录至表 5-5。

表 5-5 双向变流器直流控制柜组成部分观察记录表

编号	名称	编号	名称
1		6	
2		7	
3		8	
4		9	
5		10	

任务评价

按照各学生提交的观察记录表及实际表现情况,指导老师进行评价,并将评价结果记录至表 5-6。结合自身表现和指导老师评价,学生对此次任务实施进行总结。

表 5-6 任务实施评价表

评价项目	评 价 标 准	满分	实际得分	备注
操作技能	(1) 对部件进行观察和记录时,确保无遗漏; (2) 部件名称记录正确; (3) 部件作用表述正确	80		
参与程度	全程认真参与,过程中善于发现问题,积极沟通交流	10		
合作意识	(1) 积极参与小组合作探讨,勇于接受小组任务,敢于承担责任; (2) 小组分工明确,各组员取长补短	10		
总分		100		

思考与练习

(1) 双向变流器对城市轨道交通 35 kV 环网系统有没有作用?

(2) 双向变流器能不能替代传统的牵引整流机组?

任务 5.4　城市轨道交通负极柜设备

任务准备

本任务要求学生了解并掌握城市轨道交通 BNDC-N 型负极柜设备结构、元器件及原理,前期准备工作如下:

(1) 指导老师将学生分组,下达任务。各组学生根据任务制订计划书,明确学习目标及组内分工等内容;

(2) 根据分工,各组学生查阅资料,整理城市轨道交通负极柜设备的结构、元器件及原理;

(3) 根据任务计划书学习相关知识,各组学生实施任务。

5.4.1　概述

两台整流器的直流系统中,负极柜使用两个隔离开关。视规格要求,选择手动隔离开关或是由电动机驱动的电动隔离开关。该负极柜位于整流器间并直接将其与负极母线连接。

5.4.2　负极柜原理说明

BNDC-N 型负极柜(见图 5-22)用于隔离整流器负极输出与开关柜负极母线,柜内采

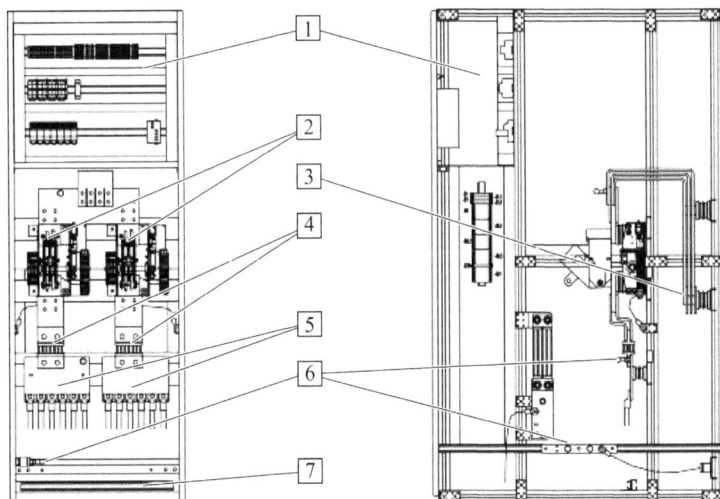

1—控制小室及辅助装置;2—负极电动隔离开关;3—母线;4—分流器;5—进线电缆连接;6—接地螺柱;7—电缆固定 C 型钢。

图 5-22　负极柜前视及侧视图

用了带联锁电磁铁机构的手动隔离开关或电动隔离开关,通常在负极柜内还配置了最少一套低阻抗框架泄露保护单元,以防止牵引站内成套直流开关柜内一次回路绝缘损坏或闪络时的故障危害,保护人身安全。开关柜前部设可挂锁的金属门。柜前有低压控制小室,柜下方内部为隔离开关室,二室之间有钢板屏蔽隔离,上方小室门上有负极柜一次模拟图及显示操作元件。BNDC-N型负极柜原理如图5-23所示。

小组讨论

什么是闪络现象,它会造成什么危害?

5.4.3 保护功能(包括但不限于以下功能)

全所最少设一套低阻抗框架泄露保护单元在负极柜内,对框架泄露电流故障和负极柜回流轨对大地的过电压故障进行保护。每套框架泄露保护由一个电流采样隔离变送器元件和一个电压采样隔离变送器元件组成检测回路,电流元件的前级分流器能承受至少50 KA 250 ms 的短路电流。电压元件可选择开关当地投入/切除,电压具有报警和跳闸功能,跳闸段在可编程控制器中可整定为三级特性曲线。只有框架保护电流、电压元件有相互独立的动作出口及报警信息出口,框架保护动作才能合闸。框架保护的动作信号可在当地/远方显示。

任务实施

指导老师提前将 BNDC-N 型负极柜中部件进行编号,准备一张 BNDC-N 型负极柜装置原理图。各组学生依次对 BNDC-N 型负极柜各个部件进行认知,将零部件名称记录至表5-7,并结合原理图阐述 BNDC-N 型负极柜的工作原理。

表5-7 BNDC-N型负极柜组成部件观察记录表

编号	名称	编号	名称
1		5	
2		6	
3		7	
4		8	

任务评价

按照各学生提交的观察记录表及实际表现情况,指导老师进行评价,并将评价结果

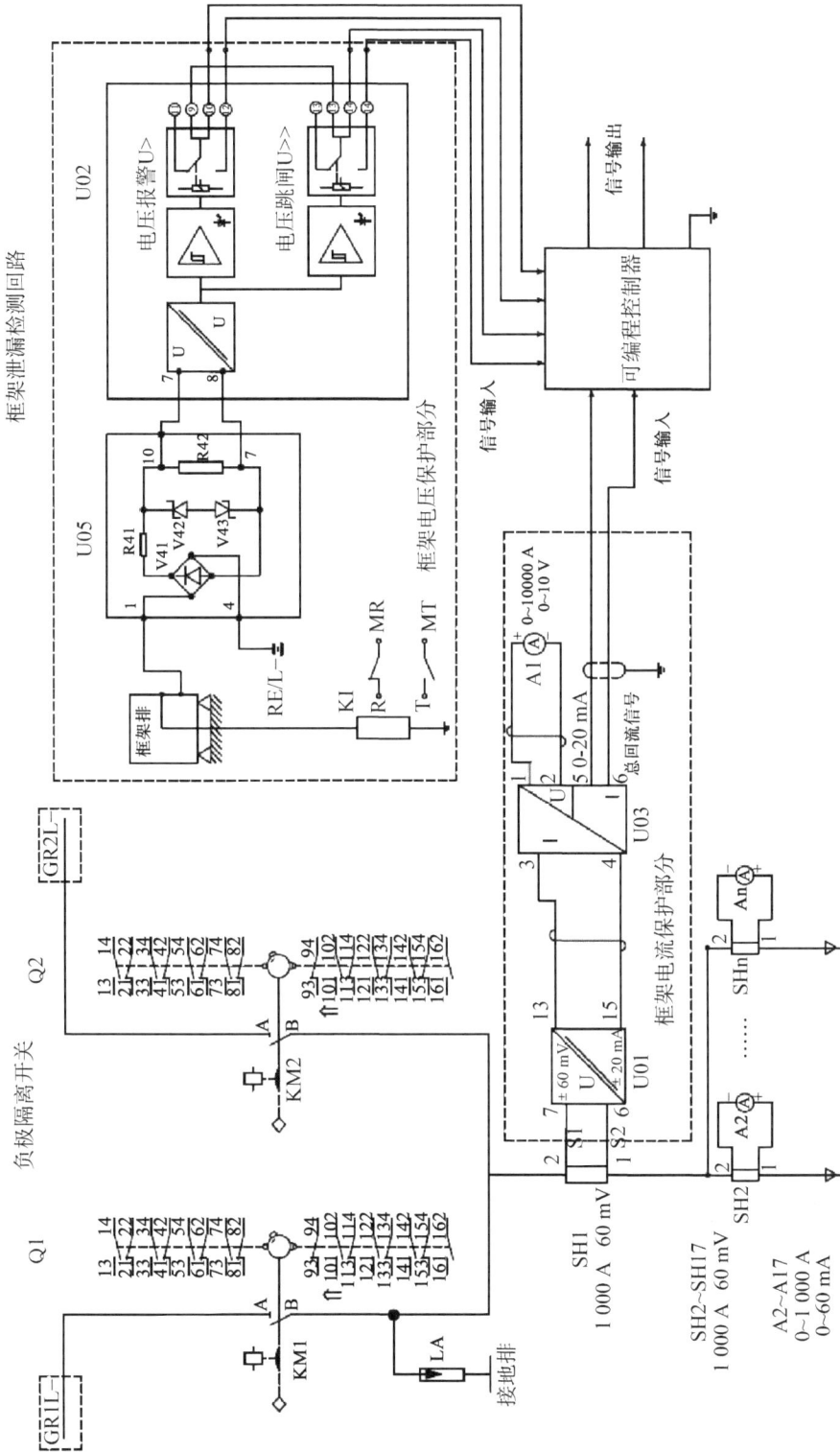

图 5 - 23 BNDC - N 型负极柜装置原理图

记录至表 5 - 8。结合自身表现和指导老师评价,学生对此次任务实施进行总结。

表 5 - 8　任务实施评价表

评价项目	评 价 标 准	满分	实际得分	备注
设备作用	(1) 部件名称记录正确; (2) 部件记录无遗漏; (3) 工作原理表述正确。	90		
参与程度	全程认真参与,过程中善于发现问题,积极沟通交流。	10		
总分		100		

思考与练习

负极柜的主要功能有哪些?

任务 5.5　城市轨道交通整流器装置

任务准备

本任务要求学生了解并掌握城市轨道交通整流器装置并熟悉 12 脉波整流器电路原理,前期准备工作如下:

(1) 指导老师将学生分组,下达任务。各组学生根据任务制订计划书,明确学习目标及组内分工等内容;

(2) 根据分工,各组学生查阅资料,整理城市轨道交通整流器装置的结构、元器件及原理;

(3) 根据任务计划书学习相关知识,各组学生实施任务。

5.5.1　概述

在牵引变电所内通过整流变压器将 AC35kV 降到 AC1180V,经整流器转换成 DC1500V 向接触网供电。在牵引变电所内,由整流变压器和整流器组成整流机组。24 脉波整流电路由两组 12 脉波整流电路构成,12 脉波整流由两个 6 脉波 3 相整流桥并联组成。其中一个 3 相整流桥接向整流变压器的二次侧星形绕组,另一个 3 相整流桥接向整流变压器的二次侧三角形绕组。由于每台整流变压器二次侧星形绕组和三角形绕组相对应的线电压相位错开 $\pi/6$,便可以得到两个三相桥并联组成的 12 脉波整流电路。当供给两台 12 脉波整流器的整流变压器高压网侧并联的绕组分别采用 $\pm7.5°$ 外延三角形连接时,两套整流机组并联运行构成等效 24 脉波整流(见图 5-24)。

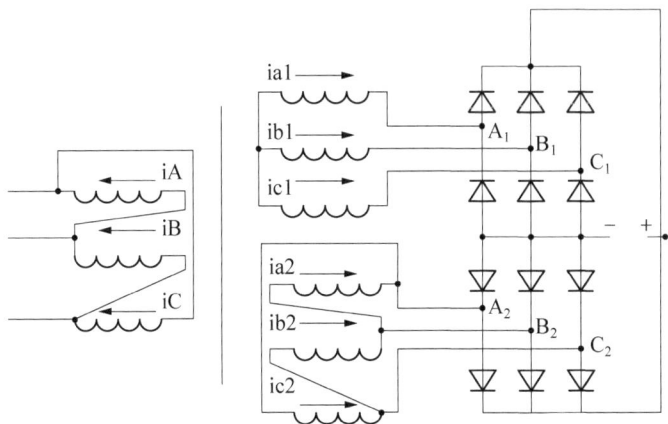

(a) 12 脉波整流电路图

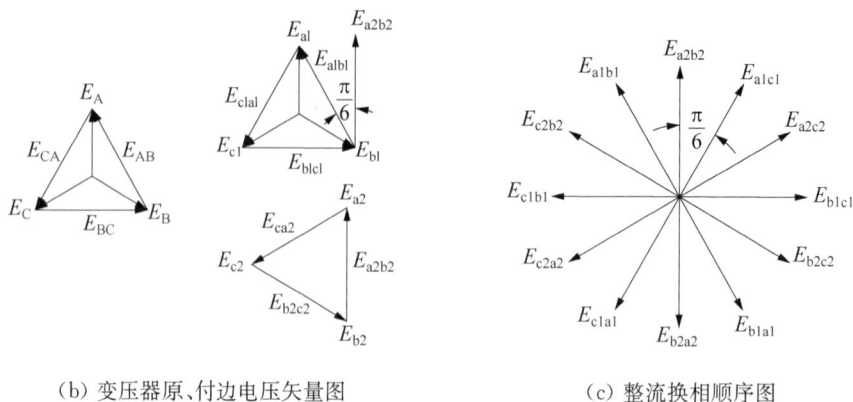

（b）变压器原、付边电压矢量图　　　　　　（c）整流换相顺序图

图 5 - 24   12 脉波整流器电路原理及矢量图

5.5.2　整流器保护和控制器与信号回路

1. 整流器保护

1）快速熔断器保护

每只二极管串联一个快速熔断器。

2）交流侧过电压保护

压敏电阻、特种熔断器。

3）过电压保护

RC 回路、压敏电阻及特种熔断器。

4）温度保护

在整流器预测最热处设置温度传感器元件。

5）逆流保护

在每个桥臂串联一个电流传感器检测逆流信号。

2. 控制与信号回路

1）二极管故障指示回路

整流器同一整流桥臂的一个二极管故障，或不同整流桥臂的两个二极管故障时，均不跳闸，将二极管故障信号通过接点在当地/远方显示。

2）二极管故障跳闸控制回路

整流器同一整流桥臂的两个二极管故障时，发出跳闸信号，将二极管故障信号通过接点在当地/远方显示。

3）整流器温度报警和跳闸指示回路

当整流器测试点的温度超过设定值时，能分级发出报警和跳闸信号，当地/远方显示故障信号。

4）逆流保护显示

当每个桥臂安装的电流传感器检测到逆向电流时，发出逆流跳闸信号，并在显示屏显示。

任务实施

指导老师准备 12 脉波整流器电路原理图。各组学生依次解释 12 脉波整流器电路原理并阐述整流器功能及其作用。

任务评价

按照各组学生对 12 脉波整流器电路原理的阐述情况,指导老师进行评价,并将评价结果记录至表 5-9。结合自身表现和指导老师评价,学生对此次任务实施进行总结。

表 5-9　任务实施评价表

评价项目	评 价 标 准	满分	实际得分	备注
设备作用	(1) 能够对整流器功能及其作用进行准确阐述; (2) 能够准确解释 12 脉波整流器电路原理	80		
参与程度	全程认真参与,过程中善于发现问题,积极沟通交流	20		
总分		100		

思考与练习

(1) 整流器的保护功能有哪些?

(2) 整流变压器降压后的电压是多少?

(3) 牵引变电所内一般由两台整流器并联运行构成等效 24 脉波整流,当一台整流器退出运行,单柜 12 脉波整流能不能对列车正常供电?

任务 5.6　单向导通装置

　　本任务要求学生了解并掌握城市轨道交通 DXDT 型单向导通装置在车辆段与水下隧道的安装位置并掌握带消弧功能的单向导通装置的原理图,前期准备工作如下:

　　(1) 指导老师将学生分组,下达任务。各组学生根据任务制定计划书,明确学习目标及组内分工等内容;

　　(2) 各组学生根据分工自行查阅资料,整理城市轨道交通 DXDT 型单向导通装置的作用及其在正线和辅助线的安装位置区别;

　　(3) 各组学生根据任务计划书学习相关知识,完成任务实施。

5.6.1　概述

　　在城市轨道交通系统中,车场、车辆段、隧道、高架桥等特殊地段的轨道上需要设置绝缘结,其目的是为了尽量减小杂散电流并缩小杂散电流影响的范围,从而减小杂散电流对结构钢筋的腐蚀。而在采用绝缘结的钢轨部位,有机车运行时,为保证回流电流的正常流动,必须采用单向导通装置,与地铁轨道设置的绝缘结并接,用于连接绝缘结两端的钢轨。

　　DXDT 型单向导通装置内设置有隔离开关,用于在单向导通装置出现故障时连接绝缘结两端钢轨,使机车能够正常运行。装置内设有消弧装置,避免产生电弧导致的烧蚀轨道现象。

　　DXDT 型单向导通装置设置有数据采集及远程通信系统可实时监测主回路的运行状态,并具有远端通信接口,可连接到 SCADA 系统,在监测系统的主控机上实时监测单向导通装置的运行情况。

5.6.2　DXDT 型单向导通装置结构

　　DXDT 单向导通装置为户外安装的独立式金属柜。柜顶设有防雨顶盖,前后均有柜门,柜体外壳由不锈钢板弯制而成,并经静电喷漆处理。

　　DXDT 单向导通装置由整流二极管、保护装置、隔离开关及辅助检测单元等组成。保护回路由快速熔断器、压敏电阻和 RC 回路组成(见图 5-25)。

5.6.3　DXDT 型单向导通装置功能及安装

1. DXDT 型单向导通装置功能

城市轨道交通过江隧道处、车辆段钢轨与正线等特殊地段加装绝缘结和单向导通装

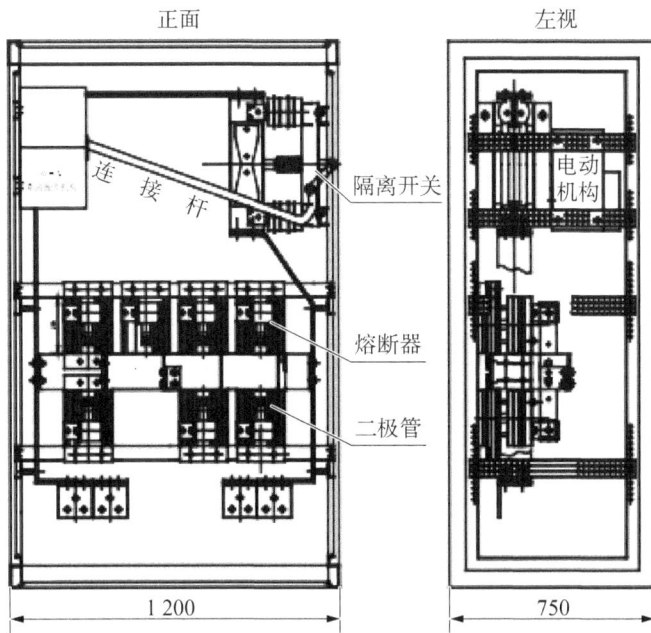

图 5-25　DXDT 型单向导通装置元件布置图

置,可有效减少杂散电流泄漏。

2. DXDT 型单向导通装置的安装方式

1) 车辆段内安装方式

在车辆段,单向导通装置的正极接车库轨道,负极接正线轨道。当机车在正线运行时,不允许机车电流回流至车辆段或机车库内。当机车出库时,机车电流可通过单向导通装置回流至牵引所。图 5-26 为车辆段单向导通装置安装示意图。

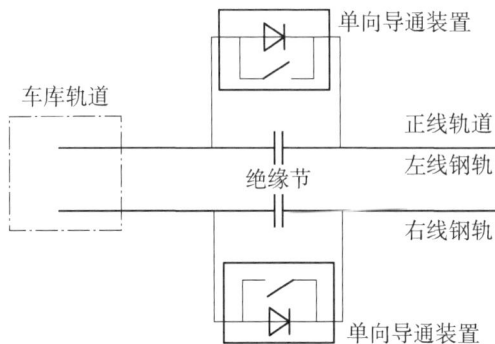

图 5-26　车辆段单向导通装置安装示意图

2) 过江、过河隧道区段安装方式

在过江、过河隧道区段,单向导通装置的正极接隧道内钢轨,负极接隧道外钢轨。当机车在过江、过河隧道外运行时,机车回流电流经回流电缆流至牵引变电所。当机车在过江、过河隧道外运行时,机车回流电流可通过单向导通装置回流至牵引变电所,从而减少隧道内区段杂散电流泄漏。图5-27为过江过河隧道区段单向导通装置安装示意图。

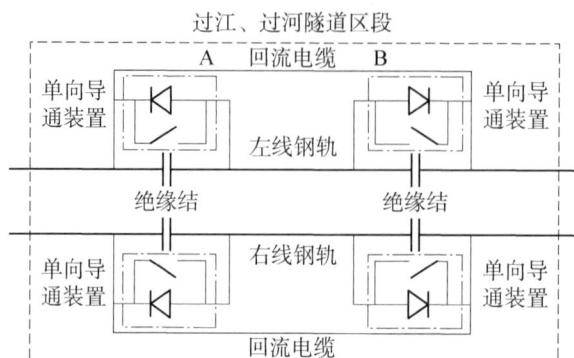

图5-27　水下隧道单向导通装置安装示意图

在正常情况下,隔离开关处于分闸位置,由于二极管的作用,电流只能在规定的方向流通。当二极管发生反向击穿或流过电流超过系统额定电流使快速熔断器熔断时,监测系统检测到故障后,监测系统向 SCADA 系统发出报警信号,以便及时合上高压隔离开关使绝缘结两端钢轨短接,不影响机车的正常运行,并可以实施检修。

为了保证机车通过绝缘结时不产生电弧,避免烧蚀轨道,必须保证在机车通过绝缘结的瞬间,不会产生较大的过电压,使其不能达到电弧产生的条件。为此在装置内设有可控硅以起到消弧(见图5-28)的作用。

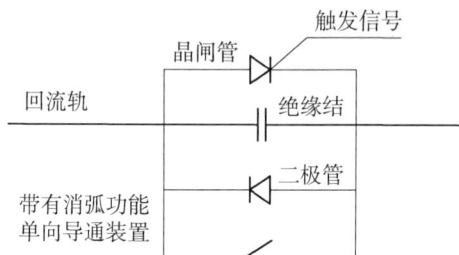

图5-28　带消弧功能的单向导通装置原理图

📋 任务实施

指导老师准备城市轨道交通常见的车辆段示意图和水下隧道示意图,让学生分组标明DXDT 型单向导通装置布置位置并画出带消弧功能的单向导通装置原理图。

📋 任务评价

按照各学生绘制的带消弧功能的单向导通装置原理图及标明的 DXDT 型单向导通装置在车辆段及水下隧道的布置位置,指导老师进行评价,并将评价结果记录至表5-10。结合自身表现和指导老师评价,学生对此次任务实施进行总结。

表 5-10　任务实施评价表

评价项目	评 价 标 准	满分	实际得分	备注
设备作用	(1) 车辆段的布置位置正确; (2) 水下隧道的布置位置正确; (3) 消弧功能的单向导通装置原理图绘制无误	90		
参与程度	全程认真参与,过程中善于发现问题,积极沟通交流	10		
总分		100		

思考与练习

(1) 杂散电流有什么危害?

(2) 单向导通装置主要用于哪些场景?

任务 5.7 轨电位控制柜

任务准备

本任务要求学生了解并掌握城市轨道交通轨电位控制柜结构、原理并会进行常规操作,前期准备工作如下:

(1)指导老师将学生分组,下达任务。各组学生根据任务制订计划书,明确学习目标及组内分工等内容;

(2)根据分工,各组学生查阅资料,整理城市轨道交通轨电位控制柜的结构、作用及原理;

(3)根据任务计划书学习相关知识,各组学生实施任务。

5.7.1 概述

由于地铁牵引供电系统采用 DC1500V(或 DC750V)接触网或接触轨供电,以走行轨为回流通路。为减少杂散电流途径,减少杂散电流对土建结构钢筋、钢轨、设备金属外壳及其他地下金属管线产生腐蚀,直流牵引供电系统的正负极均不接地,对直流供电设备采用绝缘安装,钢轨通过绝缘垫与大地绝缘,以减少杂散电流的泄漏。

当牵引供电区段有列车运行时,电流通过钢轨有电压降,钢轨对地产生一定的悬浮电位差,特别是大双边供电或系统发生短路故障时,钢轨对地电位有可能很高。列车与钢轨是等电位的,乘客有可能通过列车车体接触到这一高电位,从而造成危险。

5.7.2 轨电位控制柜柜体结构

为了保证乘客安全,城市轨道交通系统内采用轨电位控制柜来防止乘客被列车车体的高电位所伤。

当钢轨电位达到一定值时,轨电位控制柜会迅速动作,将钢轨与接地网短接,从而降低了钢轨电位,保护在钢轨上行人的安全。轨电位控制柜结构如图 5-29 所示。

轨电位控制柜中各部件作用如下:

(1)电压继电器:监控电压状态,过压报警输出。

(2)PLC:进行数据采集,发送保护命令。

(3)触摸屏:显示设备工作状态,进行参数设置。

(4)接触器:执行保护动作,负责通断大地与设备间的接地回路。

(5)晶闸管:电压第三段保护时,快速响应。

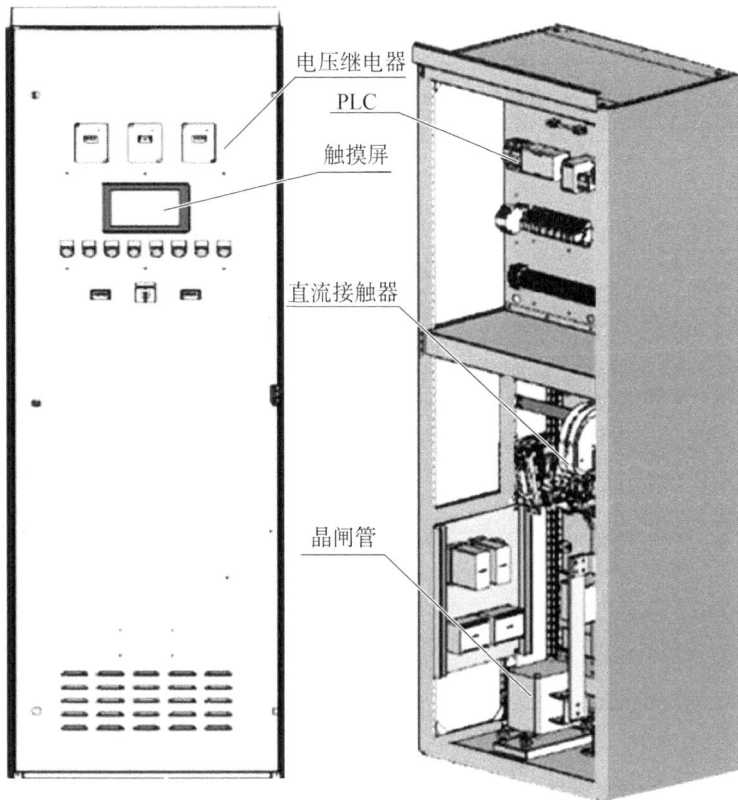

图 5-29　轨电位控制柜结构图

5.7.3　轨电位控制柜功能

柜内主要配置高性能晶闸管与直流接触器并联的复合开关、过电压检测元件、控制及保护测试逻辑电路等。正常工作时,走行轨与大地之间的接地回路为断开状态,由三个独立的电压继电器来检测、显示和判断轨道的带电。当可能出现的操作电流或短路电流产生超出安全许可的接触电压时,通过电压测量和逻辑判断,直流接触器闭合使钢轨与大地短接,保护人身和设备安全。当钢轨电压限制装置达到预先设置达到的预先设定的连续短路次数以后,该装置将进入闭锁状态(恒定合闸状态)。闭锁只能由手动复位。所有的运行状态可以通过无源触点上传给远程监控系统。

1. 轨电位限制装置

轨电位控制柜具有轨电位限制装置,它具有轨电位限制功能,轨电位限制装置原理如图 5-30 所示。

1) 组成

钢轨电位限制装置是由直流接触器及可控硅组成的复合开关、设备监控及可编程控制器、触摸屏、防凝露加热器及金属氧化锌避雷器等组成。

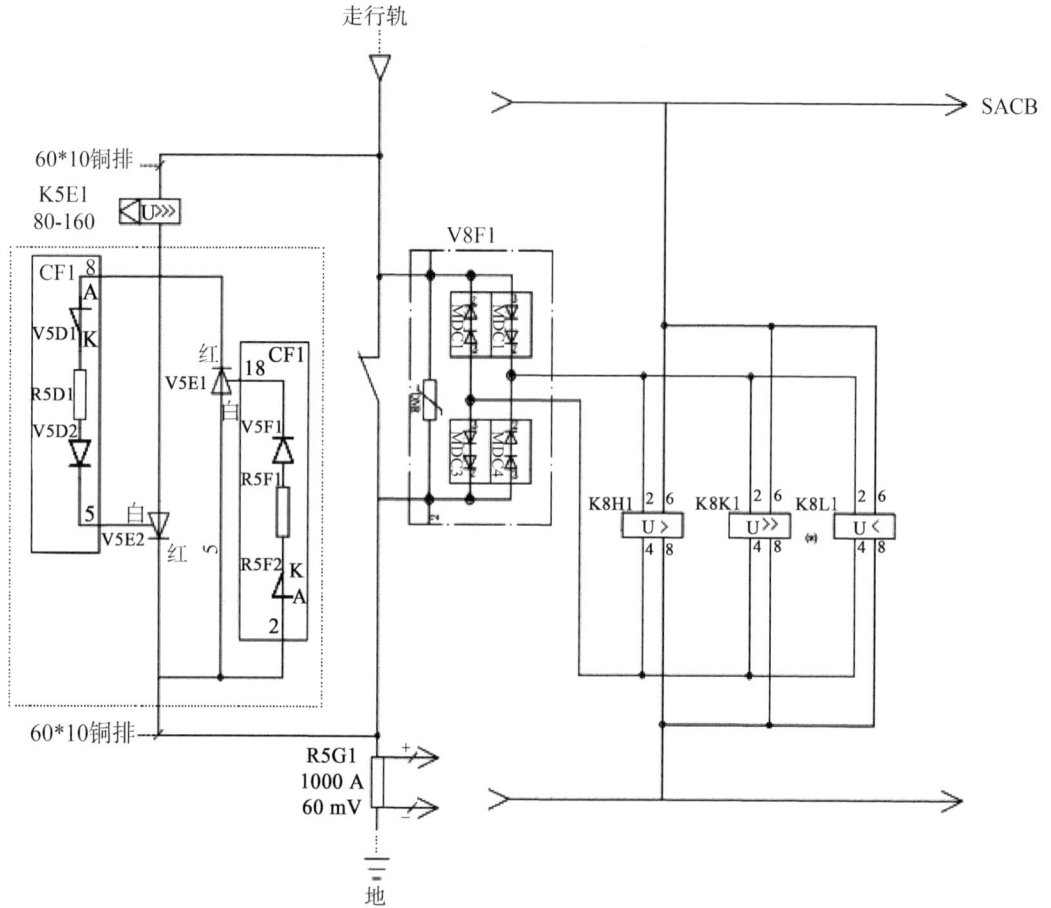

图 5 - 30 轨电位限制装置原理图

2）功能

（1）直流接触器并联可控硅组成安全可靠的接地系统复用开关,100 ms 内完成整个接地动作;

（2）当钢轨电位限制装置通过电压检测装置检测到钢轨对地电压差小于动作值时,钢轨电位限制装置处于断开状态;

（3）当钢轨电位限制装置检测到钢轨对地电压大于一段保护电压动作值时,持续保护所设置的延时时间后,接触器将会进行合闸动作,将钢轨与大地进行短接,电压下降后经一段时间恢复开断,同时确保较低的快速瞬变电压值不会引起接触器的频繁动作;当连续动作多次（次数可设置）后,短路装置将不再恢复开断,而进入闭锁状态;

（4）当钢轨电位限制装置检测到钢轨与保护地之间的电压差大于二段动作电压时,接触器将无延时直接进入闭锁状态不再恢复开断;

（5）当钢轨电位限制装置检测到钢轨对地电压差大于 600 V（三段保护电压动作值）时,复合开关迅速合闸,晶闸管回路首先在 0.2 ms 内导通,使钢轨与大地相连,同时直流接触器也将合闸。当电压降到 600 V 以下后晶闸管电路将被复位直流接触器继续合闸状态直到恢复正常；

（6）一、二段电压保护所有的动作值和延时时间都可进行设置，动作值修改可在对应的电压继电器上进行设置，延时时间则在继电保护装置的操作界面上进行设置；

（7）监控单元通过电流检测装置实时监控流过钢轨电位限制装置的电流。当接触器合闸时，监控单元能保证通过接触器流向大地的电流降低到安全范围之内，接触器不能进行分闸动作并且报警不能解除；

（8）在本控制柜中，接触器是主要的执行设备，将钢轨中的电流引入大地保护人身安全。为防止由于控制柜控制电源失电时造成装置无法动作，造成人身安全无法保障。因此选用失电时为合闸状态的接触器，正常情况之下线圈得电接触器处于断开状态，当保护动作时线圈失电接触器导通，这样在发生控制电源故障时接触器会一直处于导通状态；

（9）报警信号的显示及联锁输出须经本地复归后才会消失。

2. 模式切换

在柜体中间有一两档扭置开关，当扭置开关至"U>"位置时，电压Ⅰ段保护继电器将动作，模拟电压Ⅰ段保护时的状态。当扭置开关至"U>>"位置时，电压Ⅱ段保护继电器则会动作，模拟电压Ⅱ段保护时的状态。置于"0"位时则为正常工作状态。

3. 合闸计数

轨电位控制柜装有 2 个计数器会将控制柜的直流接触器的分合次数进行累计（见图 5 - 31），左边计数器为合闸历史总数记录，右边为当前次数记录（从上一次清零开始到当前的合闸次数），黑色按钮为清零按钮。

图 5 - 31　轨电位控制柜计数器

任务实施

（1）指导老师将城市轨道交通轨电位控制柜中各部件进行编号。各组学生依次对轨电位控制柜各部件进行观察并记录至表 5 - 11 中。

表 5 - 11　城市轨道交通轨电位控制柜组成部件观察记录表

编号	名称	作用	备注
1			
2			

编号	名称	作用	备注
3			
4			
5			

（2）根据指导老师的口令，各组学生分别对城市轨道交通轨电位控制柜进行模式切换操作以及读取当前与历史合闸次数。

任务评价

按照各学生提交的观察记录表及实际操作表现情况，指导老师进行评价，并将评价结果记录至表 5-12。结合自身表现和指导老师评价，学生对此次任务实施进行总结。

表 5-12　任务实施评价表

评价项目	评 价 标 准	满分	实际得分	备注
设备作用	（1）轨电位控制柜各部件名称描述正确； （2）轨电位控制柜部件作用描述正确； （3）模式切换操作无误； （4）当前与历史合闸次数读取正确	80		
参与程度	全程认真参与，过程中善于发现问题，积极沟通交流	10		
合作意识	（1）积极参与小组合作探讨，勇于接受小组任务，敢于承担责任； （2）小组分工明确，各组员取长补短	10		
总分		100		

思考与练习

轨电位能保护人身安全吗？

项目 6 城市轨道交通主变电所及各高压设备

项目导读

正常来说地铁各个变电站分为牵引混合降压变电所和降压变电所,那么这些变电所的上级变电所就是由主变电所和一些成套的高压开关设备组成的,因此主变电所的组成和供电方式又是如何?本项目,将学习城市轨道交通主变电所及各高压设备,来了解轨道交通的主变电所保护装置和相关设备及其作用。

学习目标

(1)掌握 SVG 及 GIS 设备的组成、作用及原理;
(2)熟悉一体化监控系统的界面布局;
(3)掌握一体化监控系统的操作。

任务 6.1 城市轨道交通主变电所主变压器及各设备开关

任务准备

本任务要求学生熟悉一体化监控系统的功能、界面布局以及掌握该系统的常规操作,前期准备工作如下:

(1)指导老师将学生分组,下达任务。各组学生根据任务制订计划书,明确学习目标及组内分工等内容;

(2)根据分工,各组学生查阅资料,一体化监控系统的功能及操作说明;

(3)根据任务计划书学习相关知识,各组学生实施任务。

6.1.1 概述

城市轨道交通主变电所由电气绝缘密闭组合电气(GIS)设备、主变压器、35 kV 母线、母联开关、SVG 动态无功补偿装置等组成,并由多个高压开关元器件和与之相关的测量、保护、控制等二次保护控制回路构成。上述的各个元器件组成了主变电所的一、二次侧回路。

主变电所主要在城市轨道交通供电系统中负责变电、配电、保护及控制作用。它们适当分布在一整条地铁供电系统的头部、中部、尾部,主变电所成为地铁供电系统的源头,由几个主变电所共同支撑起了整条地铁线路的设备及接触网供电。

6.1.2 城市轨道交通主变电所主变压器

按照国家相关标准规定,常见的变压器类型有干式变压器、油浸式变压器(见图 6-1)、单相变压器、三相变压器、电力变压器、双绕组变压器、三绕组变压器、自耦变压器等,在城市轨道交通供电系统中,油浸式变压器和干式变压器较为常见,以宁波轨道交通为例,主变电所则采用油浸式变压器,其具有电气性能稳定、高动态稳定、热稳定性好、过载能力强等特点。其中变压器油具有绝缘冷却性强、灭弧的作用。油浸式变压器主要由油箱、油枕、铁芯、绕组、油位计、压力释放阀、套管、滤油装置等组成。

图 6-1 主所油浸式变压器

6.1.3 SVG 动态无功补偿装置

1. 概述

以 QNSVG 动态无功补偿装置为例,QNSVG 动态无功补偿装置是以 IGBT 为核心的 SVG 系统,SVG 又称静止无功发生器,是柔性交流输电技术的主要设备之一,它代表着现阶段电力系统无功补偿技术新的发展方向和工业应用趋势,是减小风电、光伏等新能源并网对电网稳定性的影响以及保障电网安全可靠运行的有效手段。SVG 能快速有效调节电网的无功功率,使整个电网负荷的潮流分配更趋合理;可抑制电压波动和闪变,改善电网电能质量,保障电力系统稳定、高效、优质地运行。

2. 基本原理

SVG 由电压源型变流器和连接电抗器组成,电压源型变流器可输出幅值、相位、频率均可调的三相交流电压。当不考虑变流器和连接电抗器的损耗时,电压源型变流器通过控制输出电压幅值与系统电压幅值相对大小关系来控制是否输出电流,以及输出感性或是容性的无功电流,最后实现无功指令的补偿。实际运行时,电压源型变流器输出频率与系统同步,且存在有功损耗,因此需要控制输出电压相位和幅值,来连续调节 SVG 输出无功大小和方向(见图 6 - 2)。

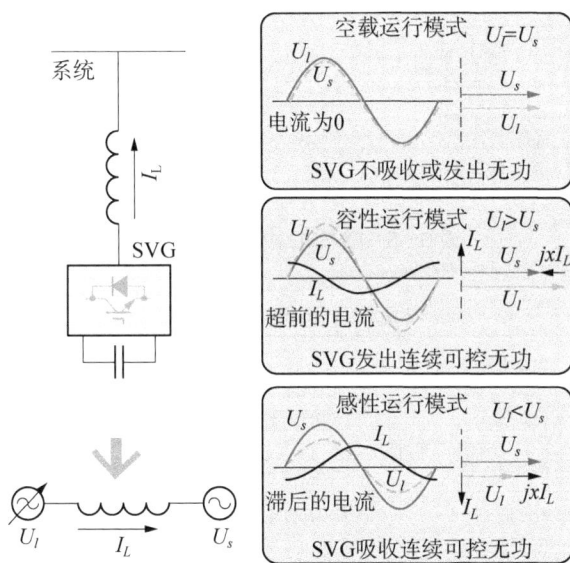

图 6 - 2 QNSVG 基本工作原理

小组讨论

较普通基于 TSC 的电容器无功补偿,SVG 无功补偿有什么优缺点?

3. 系统结构

以 35 kV 系统为例,无功补偿装置通过连接电抗器直接接入 35 kV 系统,如图 6 - 3 为 QNSVG 成套装置主要构成部分。

QNSVG 动态无功补偿装置由连接电抗器、启动部分、功率部分、控制部分、冷却系统、信号采集与传输等辅助部分组成。根据一次系统、二次系统和辅助部分分类方法,各部分说明如表 6 - 1 所示。

知识拓展
无功补偿

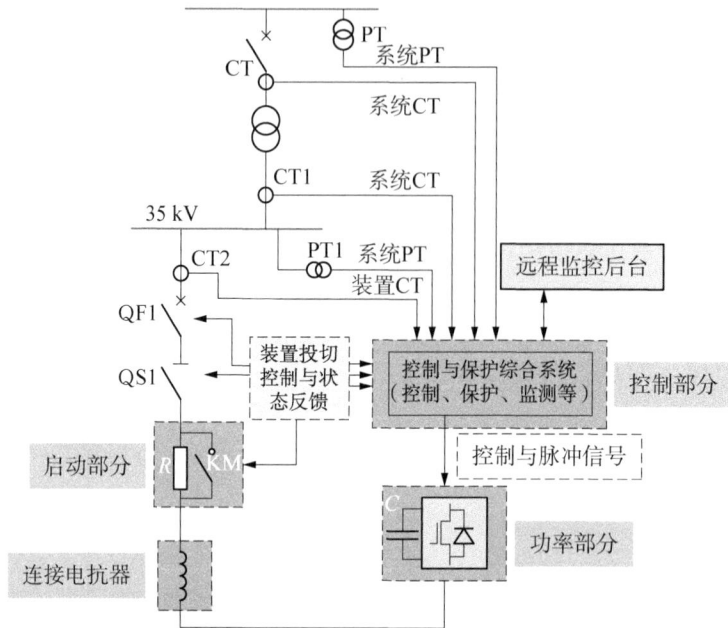

图 6 - 3 QNSVG 成套装置结构图

表 6 - 1 QNSVG 装置构成

	基本组成	说　明
一次系统	启动部分	连接装置与 35 kV 母线,控制装置的启动充电
	连接电抗器	连接装置与 35 kV 系统
	功率部分	装置功率模块主电路、绝缘子及机架/机柜
二次系统	控制部分	装置控制、运行状态监测和保护
	传(互)感器	信号采集、电气隔离
	二次控制电源	控制部分的电源
辅助部分	冷却系统	装置功率模块冷却
	光纤连接系统	装置控制部分和功率模块信号连接

6.1.4 气体绝缘密闭组合电气 GIS

GIS 设备主要由现场控制柜、母线隔离接地开关、断路器、电流互感器、电压互感器、馈线隔离接地开关、快速接地装置等组成。GIS 也叫气体绝缘全封闭组合电器,它主要是把带电部分封存在 SF6 的气体中,SF6 气体的灭弧性能比较突出,而且检修的年限可以长达 20 年左右。GIS 开关柜门一般布有各操作按钮及线路示意图如图 6 - 4 所示,其中断路器的组件由三相共箱式断路器和操动机构组成。每相灭弧室有独立的绝缘桶封闭。灭弧室为单压式,采用轴向同步双向吹弧式工作原理,结构简单、开断能力强。GIS 组合电器的现场图如图 6-5 所示。

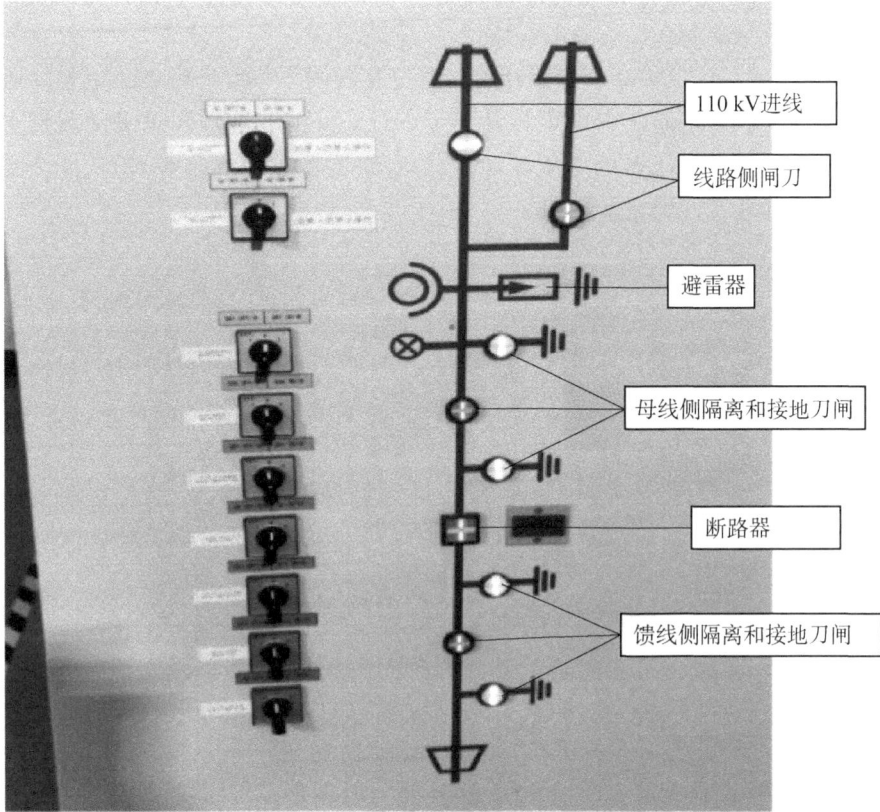

110 kV进线

线路侧闸刀

避雷器

母线侧隔离和接地刀闸

断路器

馈线侧隔离和接地刀闸

图 6-4　GIS 开关柜门

图 6-5　气体密闭绝缘组合电气 GIS 设备

6.1.5 有载调压装置与滤油装置

有载调压装置一般装在变压器的高压侧,以宁波地铁为例,共分为17档,在变压器不中断运行的带电状态装置,也称有载分接开关。通过有载调压装置进行电压调整。既可以稳定电力网的电压又能够提高供电的可靠性与经济性。滤油装置顾名思义则负责主变电下进行调压的所有油浸式变压器的变压器油过滤,保证变压器油的绝缘、熄弧能力良好。有载调压装置与滤油装置现场布置如图6-6所示。

图6-6 有载调压操作箱(1)与滤油装置(2)

小组讨论

有载调压装置在调节电压时能带来哪些直接影响?

6.1.6 主变压器中性点接地刀闸

在正常情况下主变压器要在冷备用状态改成运行状态需要合上相对应的进线开关和线路闸刀,但是在合闸时会对主变压器造成很强的冲击,所以在此之前还需合上主变压器中性点接地闸刀(见图6-7),以此来保护主变压器防止合闸瞬间的冲击对主变压器造成损害。

6.1.7 一体化电源监控系统

一体化电源监控系统是城市轨道交通主变电站内各子系统的监控系统,此监控器组成如

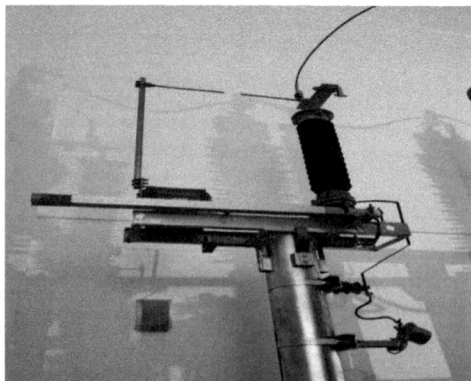

图6-7 主变压器中性点的接地刀闸

图 6-8 所示。

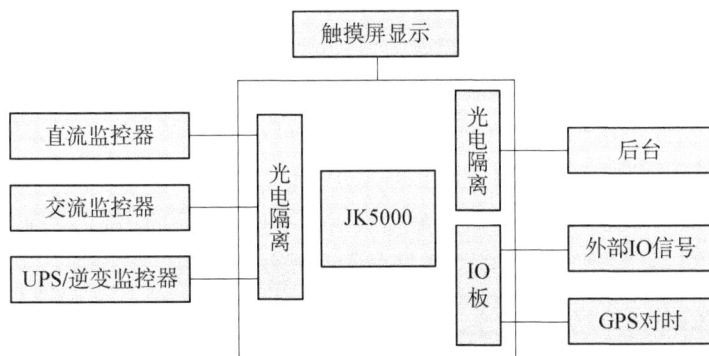

图 6-8　一体化电源监控系统组成图

1. 后台

与后台通信采用国际通用 61850 协议与后台通信。

2. IO 板

IO 板主要有三部分的功能：

(1) 通过 485 链路与 GPS 接收器通信，实时采集 GPS 的 IRIG-B 码时钟。

(2) 直接采集 IO 口状态量的变化，并且记录 IO 状态量变化的时间，产生历史记录，供 JKQ5000 控制主板读取；

(3) 通过 I2C 协议向 JKQ5000 控制主板传送历史记录；与后台通信采用国际通用 61850 协议。

3. 主控 JK5000

主控模块主要转发下行设备数据、IRIG-B 码对时、存储事件记录。

4. 触摸屏显示

触摸屏主要用于人机交互，设置 JKQ5000 参数，查看 JKQ5000 下行设备状态、事件记录。

5. 外部接口

(1) JKQ5000 共有 7 个 485 通信串口。其中 COM1 为 232/485 串口，功能固定为与触摸显示屏通讯；COM2、COM3、COM4、COM5、COM6 接下行设备，如交直流、UPS/逆变监控器、ATS 等，也可接独立表计、绝缘检测仪、馈线盒等独立设备。具体接那个串口可由 JKQ5000 配置软件进行配置；COM7 为 61850 预留 485 串口，为 61850 通信模块与 PLC 控制器通信用串口。

(2) JKQ5000 共有 3 个 10/100M 以太网接口，其中标示为 ETH2 的两个网口为 61850 通信模块与综自后台通信用，上方网口为 LAN0，下方为网口 LAN1。标示为 ETH1 的 1 个网口为 JKQ5000 主控板用，暂时未启用。

(3) JKQ5000 一共有 8 个硬接点开关量输出口，用来提供下行交直流、通信、UPS/逆变系 ATC1100JK-5000 集中监控器使用说明书统故障报警的硬接点输出。

(4) JKQ5000 一共用 16 路开关量输入接口,用来采集外部 IO 信号。

(5) JKQ5000 还配备一个 CAN 通信串口,此 CAN 口为备用接口,暂时未启用。

(6) JKQ5000 另设有一个 GPS 对时接口,用来与 GPS 时钟源进行通信。

一体化电源监控系统是保证主变电站内各系统正常运行的重要系统,其作用主要为:

(1) 该一体化电源监控系统可监控直流系统、交流系统、UPS 系统的数据信息。

(2) 该一体化电源监控系统存储整个站用电源数据,按 IEC61850 标准通过双以太网接入变电站监控系统,可实现一体化电源系统的远程维护管理。

(3) 主界面以单线图的方式显示数字化管理系统所管理的电源系统的主接线图,正确反映一体化电源系统之间的接线关系,图中的开关、智能单元等符号应符合 GB/T 4728.7 的规定,所有文字显示均应为中文。开关位置、各智能单元的状态及母线电压、电流为实时信息。各种电源系统均有独立的子接口,以模拟图的方式显示较详细的电气接线图,电气符号应符合 GB/T 4728.7 的规定,所有文字显示均应中文。根据复杂程度的不同,子接口可以分成多级,接口中显示的信息均是实时数据。

(4) 该一体化电源监控系统能显示各电源实时信息,包含遥信、遥测、定值、控制、馈线状态监测、实时告警、蓄电池巡检功能。实现对站内交、直流电源系统定值整定、健康情况检查、操作规范化监测、元器件智能管理、系统数据分析、关键参数时间曲线分析等功能。

(5) 具备事件记录功能。

交流输入故障记录;自投动作记录,投切原因,例如:遥控投切、手动投切、交流故障投切等;充电单元输出开关位置、脱扣(或熔断器熔断)记录;蓄电池组进线开关位置、脱扣(或熔断器熔断)记录;母线联络开关位置记录;直流母线电压异常记录;馈线开关脱扣记录;馈线开关位置记录;馈线开关负荷电流记录;直流母线绝缘状况记录;直流母线绝缘状况实时记录;各种智能电子设备故障记录。

UPS 电源运行模式记录,例如:旁路输出、交流输入逆变输出、直流输入逆变输出等运行模式记录。

(6) 报警输出信息直观、醒目,并伴以声、光效果,根据需要可配置空节点输出。

6. 显示界面说明

监控器显示界面如图 6-9 所示。

监控器显示界面中的设备可显示三种不同的颜色,不同的设备颜色值表示不同的工作状态,各颜色所代表的状态如下:

(1) 绿色长亮——设备工作正常。在直流分屏界面中,灰色长亮表示该直流分屏工作正常;在 UPS 系统界面中,浅绿色长亮表示该 UPS 处于备用状态。

(2) 黄色闪烁——设备通信故障。

(3) 红色闪烁——设备出现故障。

7. 菜单及操作说明

根据前述监控器主界面可以看到,通过监控器主界面可分别进入交流系统、直流系统

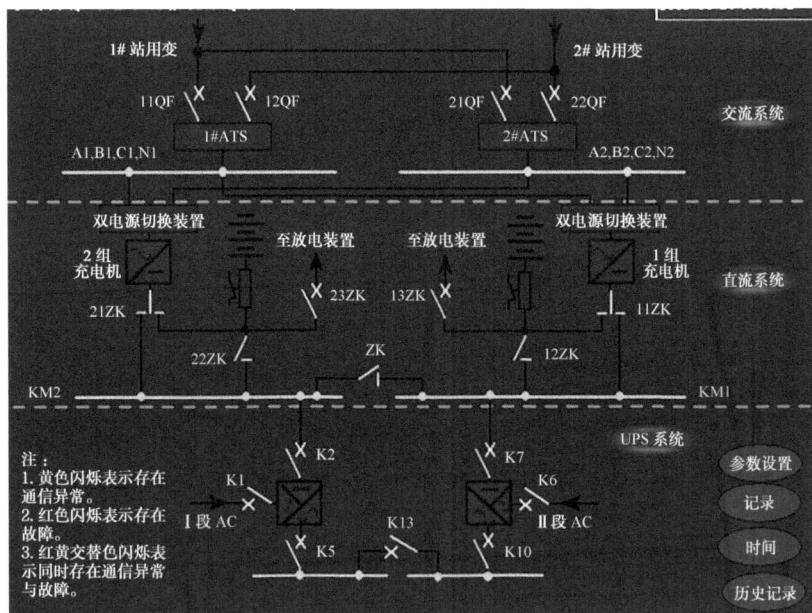

图 6-9 监控器显示界面

和 UPS 系统，浏览各设备的参数、数据及状态。

（1）从主界面的中间部分区域进入直流系统界面，直流系统界面如图 6-10 所示。该界面包含直流系统的绝大多数设备，例如充电机组、蓄电池组、馈线分屏、绝缘装置、电池巡检仪等，在某些设备的旁边还有相应的电压标、电流表及温度表等，可方便观察各设备的电

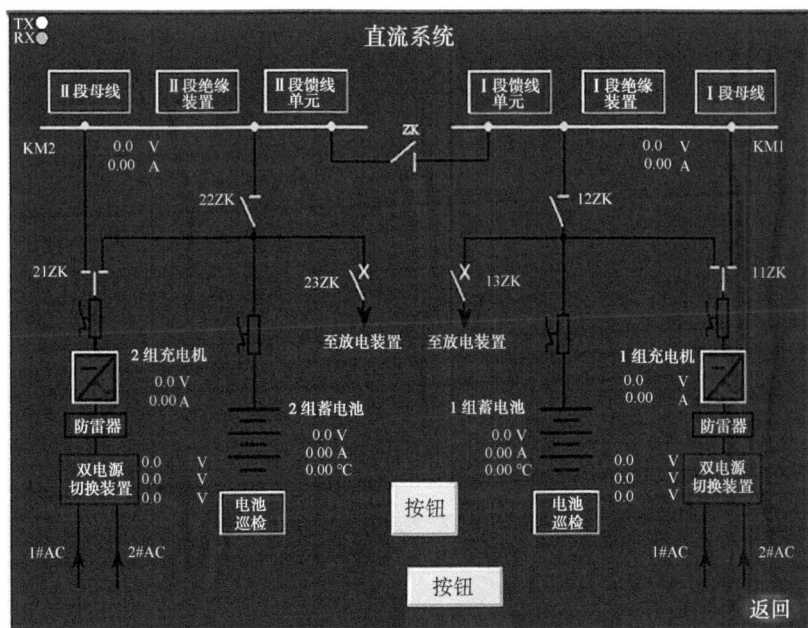

图 6-10 监控器直流系统图

压、电流值等。它还能实时反映系统中各主要开关的变化,当系统发生故障时,立刻进行声光报警,报警信号颜色的不同代表不同类型的报警,上面已做出详细的介绍,这里不再说明。需要返回到主界面时,点"返回"图标即可。

直流系统 I 段直流母线显示如图 6 - 11 所示,直流系统 II 段直流母线显示如图 6 - 12 所示。

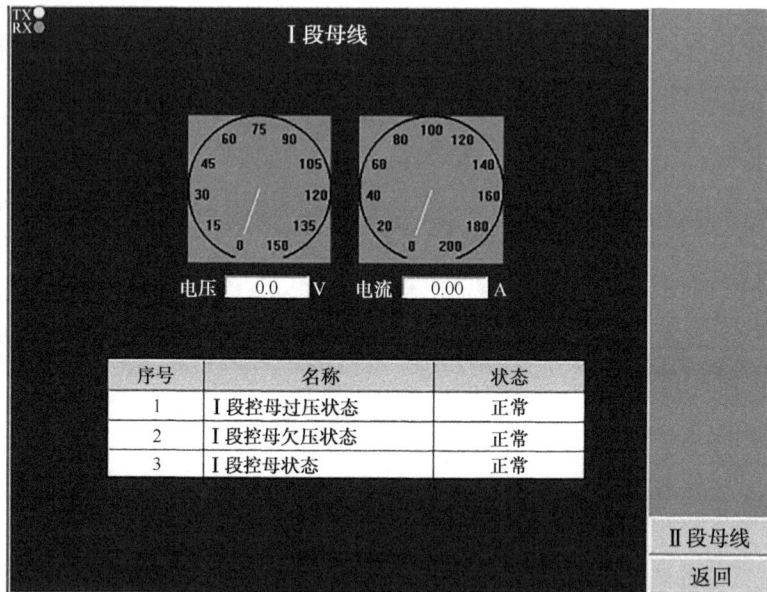

图 6 - 11　监控器直流系统 I 段直流母线显示界面图

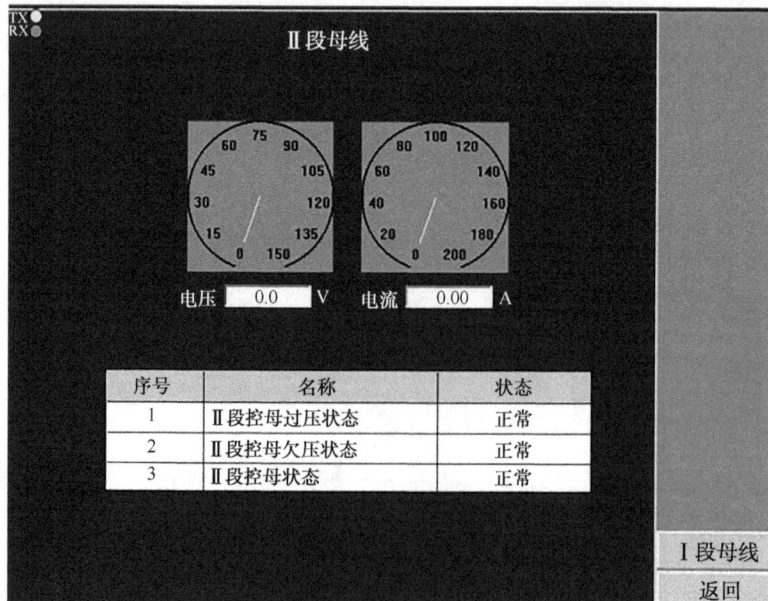

图 6 - 12　监控器直流系统 II 段直流母线显示界面图

在监控系统中,可以实时查看Ⅰ段直流母线和Ⅱ段直流母线的电流、电压参数及过压情况。

从直流系统界面中点"充电机组"的图标即可进入"充电机组"界面,如图6-13所示,显示充电机组的电压值、电流值、均浮充状态、开关机状态、过压状态、欠压状态及各充电模块的通信和故障状态。浏览完毕后,可点"返回"按钮返回直流主界面。

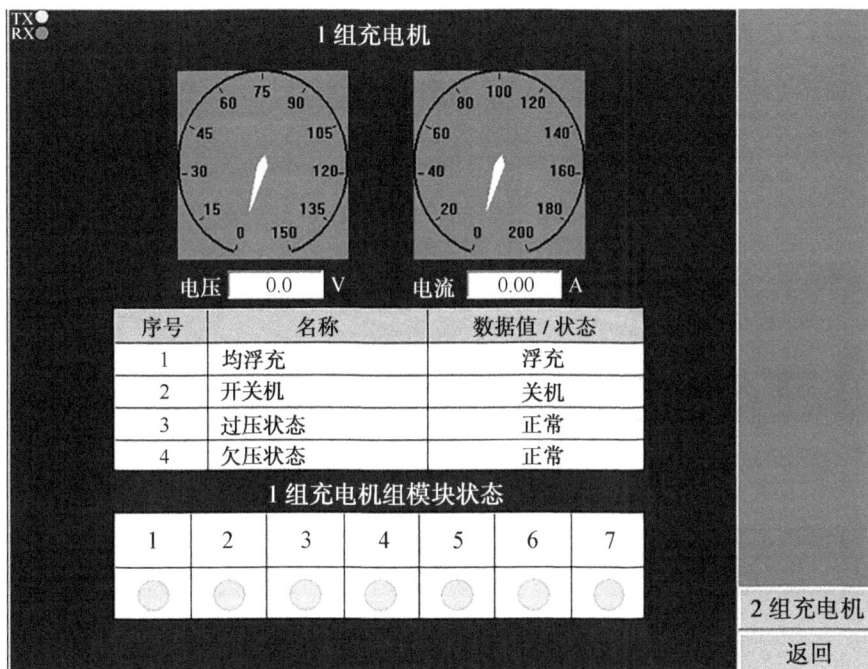

图6-13　监控器充电机组显示界面图

从直流系统界面中单击"蓄电池组"的图标即可进入"蓄电池组"界面,如图6-14所示。在此界面,可以随时查看蓄电池组的电压值、电流值、温度值、均浮充状态、充放电状态、过压状态、欠压状态、单节过压状态、单节欠压状态温度、超高状态及各浮充过流状态。

从直流系统界面中单击"电池巡检"的图标即可进入"电池巡检"界面,如图6-15所示。此界面中可显示单节蓄电池的电压值、过压状态、欠压状态及各巡检模块的通信状态。单击界面右上角的"1组巡检仪"和"2组巡检仪"按钮可分别浏览两组电池巡检仪的数据,单击界面右下角的"下一页""上一页"按钮可上下翻页浏览每节电池的信息。浏览完毕后,可单击"返回"按钮返回直流主界面。

从直流系统界面中单击"绝缘监测"的图标即可进入"绝缘监测"界面,如图6-16所示。该界面可以显示绝缘装置的模拟量、状态量、开关量输入,单击右下角的"绝缘支路"按钮可查看支路的绝缘情况。

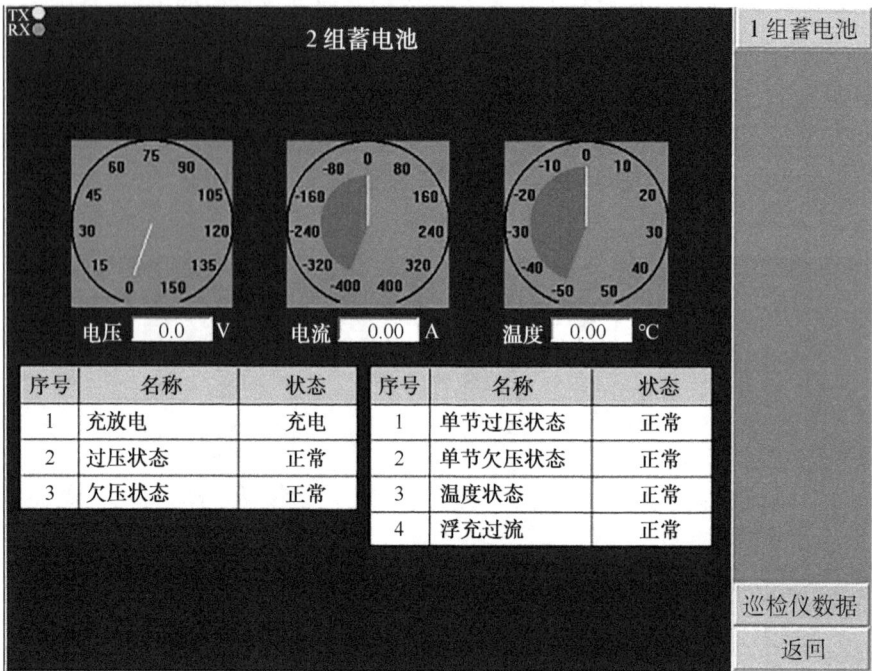

图 6-14　监控器蓄电池组显示界面图

图 6-15　监控器电池巡检仪显示界面图

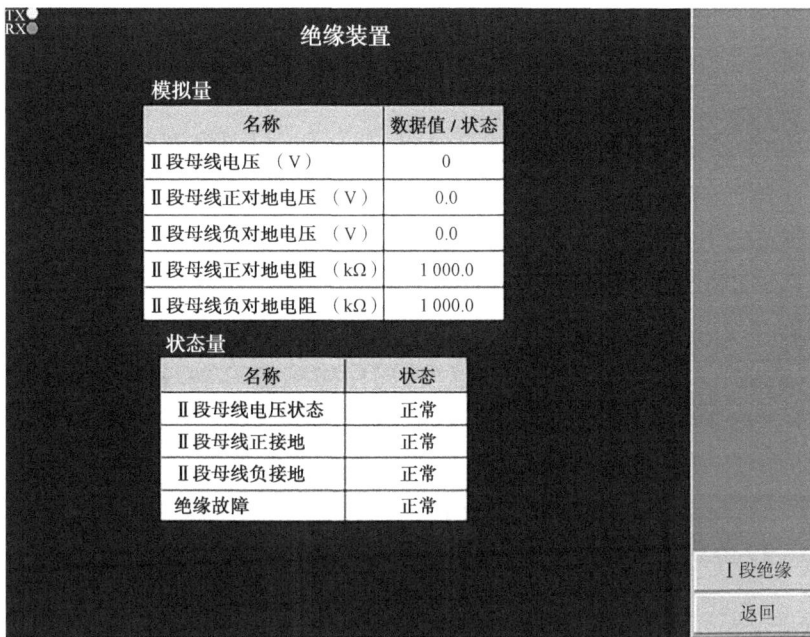

图 6 - 16　监控器绝缘检测仪显示界面图

从直流系统界面中单击"Ⅰ段馈线单元"和"Ⅱ段馈线单元"的图标即可分别进入"Ⅰ段馈线单元"和"Ⅱ段馈线单元"界面,如图 6 - 17 所示。

图 6 - 17　监控器馈线屏显示界面图

　　此界面显示了该馈线单元所监测的所有馈线开关的分合状态和故障状态,若有某个开关脱扣该界面可立刻显示出来,方便维修人员的工作。浏览完毕后,可点"返回"按钮返回直流主界面。

　　如图 6-17 所示是主变控制分电柜的馈线单元状态,显示了该馈线单元所监测的所有馈线开关的分合状态和故障状态,若有某个开关脱扣该界面可立刻显示出来,方便维修人员的工作。浏览完毕后可单击"返回"。

　　(2) 点主界面的底部,可进入 UPS 系统,UPS 系统界面如图 6-18 所示。该 UPS 系统共有两台 UPS,UPS1 正处于正常工作状态,所以该设备显示为绿色,而 UPS2 正处于备用状态,故该设备显示为浅绿色。单击每个 UPS 图标都可进入详细界面浏览 UPS 的当前数据。当浏览完所有需要查看的信息时,可单击"返回"按钮返回到系统主界面。

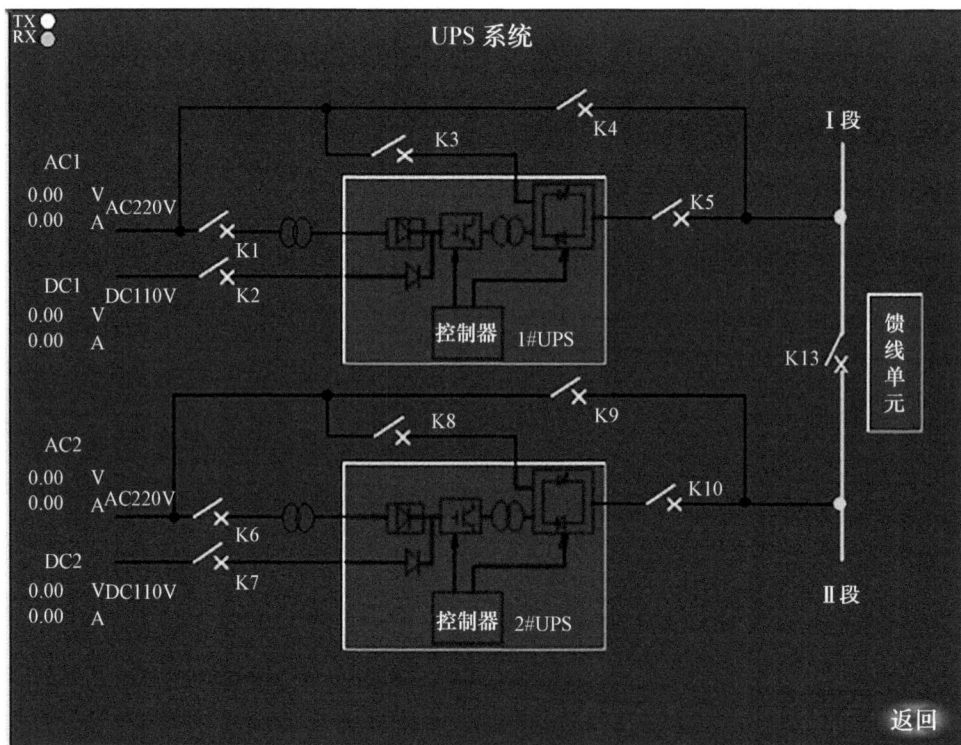

图 6-18　监控器 UPS 系统显示界面图

　　每一组 UPS 都是独立监控,以 UPS1 为例,如图 6-19 所示。该界面显示了 UPS1 的模拟量和状态量,当出现故障时可十分直观地观测到。浏览完毕后,单击"返回"按钮返回UPS 系统界面。

　　(3) 单击主界面的上半部分区域便可进入交流系统的主界面,如图 6-20 所示。

　　监控器交流系统 ATS 显示数据显示界面图,如图 6-21 所示。

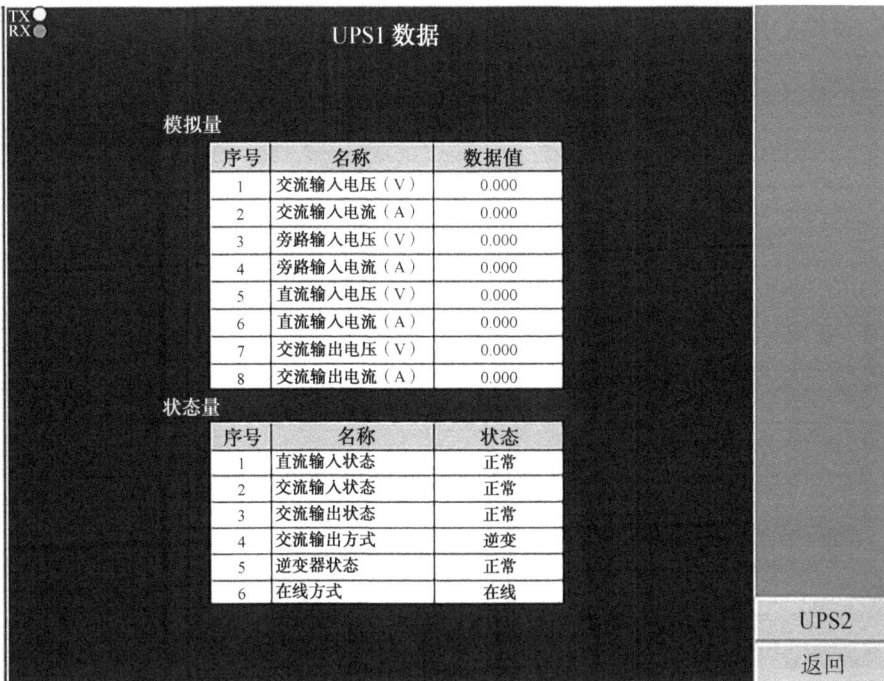

图 6‑19 监控器 UPS1 数据显示界面图

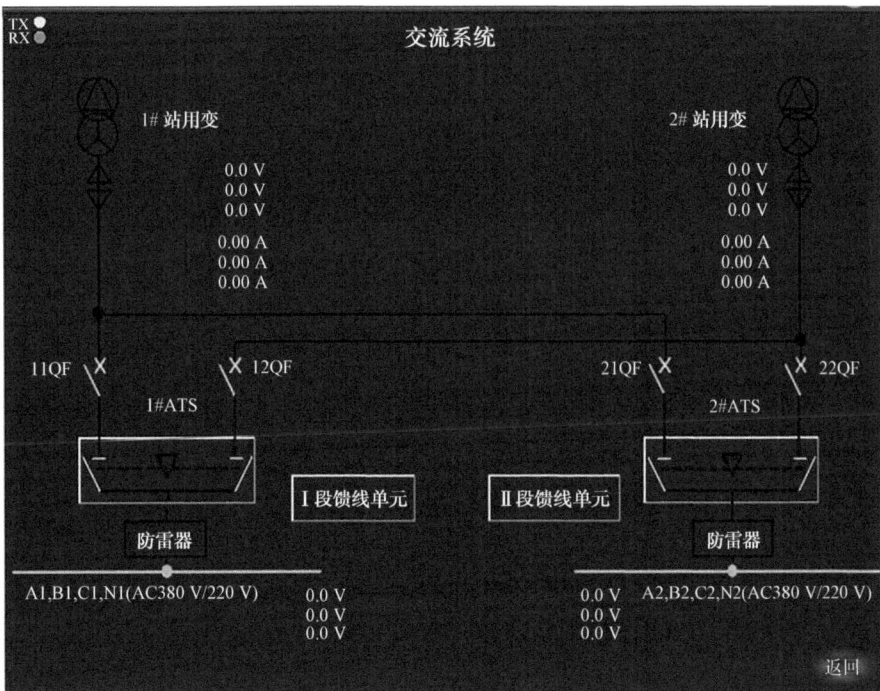

图 6‑20 监控器交流系统显示界面图

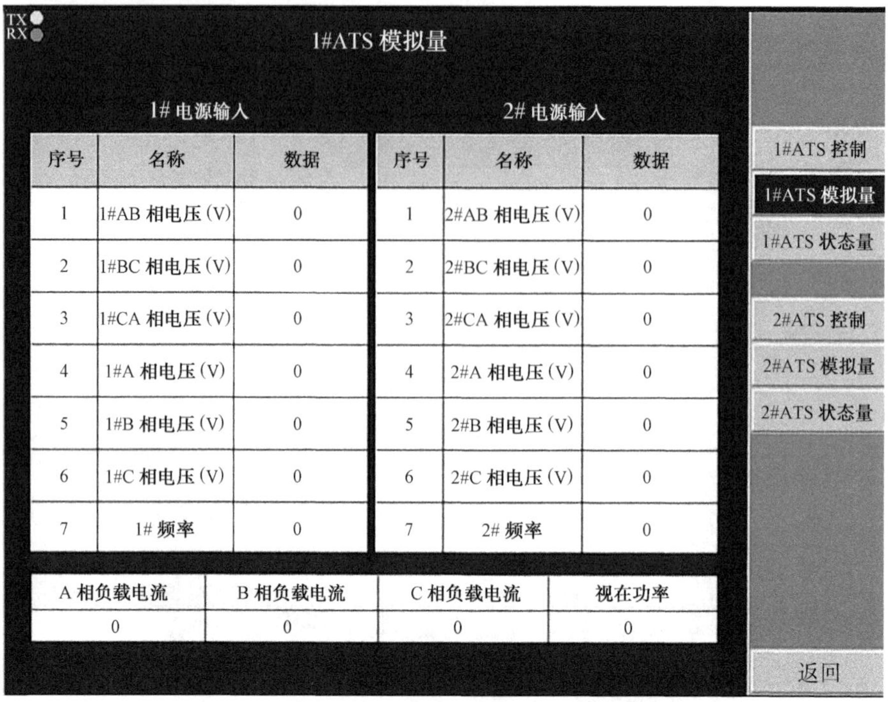

图 6 - 21　监控器交流系统 ATS 数据显示界面图

该交流系统共有两台 ATS,ATS1 正处于正常工作状态,所以该设备显示为绿色,而 ATS2 正处于备用状态,故该设备显示为浅绿色。单击每个 ATS 图标都可进入详细界面浏览 ATS 的当前数据。当浏览完所有需要查看的信息时,可单击"返回"按钮返回到系统主界面。

任务实施

指导老师随机发出一体化监控系统模块参数查看口令,各组学生依次对一体化监控系统操作界面进行操作,查看相应模块的运行参数。

任务评价

根据学生对一体化监控系统操作是否正确及熟练度,指导老师做出评价,并将评价结果记录至表 6 - 2。结合自身表现和指导老师评价,学生对此次任务实施进行总结。

表 6 - 2　任务实施评价表

评价项目	评 价 标 准	满分	实际得分	备注
操作技能	(1) 参数模块选择正确; (2) 界面操作熟练	80		
参与程度	全程认真参与,过程中善于发现问题,积极沟通交流	10		

续 表

评价项目	评 价 标 准	满分	实际得分	备注
合作意识	(1) 积极参与小组合作探讨,勇于接受小组任务,敢于承担责任; (2) 小组分工明确,各组员取长补短	10		
总分		100		

思考与练习

（1）一体化电源监控系统主界面包含哪三个系统？

（2）无功补偿装置由哪些部分组成,它们的作用是什么？

（3）列举主变压器中性点接地刀闸的作用。

任务 6.2 城市轨道交通主变电所的保护装置及保护原理

本任务要求学生了解并掌握城市轨道交通主变电差动保护和瓦斯保护的作用及工作原理,前期准备工作如下:

(1)指导老师将学生分组,下达任务。各组学生根据任务制订计划书,明确学习目标及组内分工等内容;

(2)根据分工,各组学生查阅资料,学习城市轨道交通主变电所差动保护与瓦斯保护的原理;

(3)根据任务计划书学习相关知识,各组学生实施任务。

6.2.1 概述

由于城市轨道交通主变电所内容纳了许多以主变压器为主的各个设备和线路,在这些线路和设备运行时,为了防止故障或失电带来的风险,在主所安装了微机保护装置以及各个保护。其主要目的是当发生故障时通过各类保护动作相应的开关以此来达到保护线路和各个设备的目的。

6.2.2 微机变压器保护装置

微机变压器保护装置适用于 110 kV 及以下电压等级各种接线方式的变压器。以WBH-812C 微机变压器保护装置为例,WBH-812C 装置实现变压器的差动保护,差动保护采用二次电流自动调整相位的方法,并提供了可靠的励磁涌流判据,可以实现四侧差动。

图 6-22 为 WBH-812C 保护在 110 kV 变压器典型接线(高压侧为内桥接线)的应用配置。

头脑风暴

当电压大于 110 kV 时,微机变压器保护装置会出现什么问题?

WBH-812C 微机变压器保护装置功能配置如表 6-3 所示。

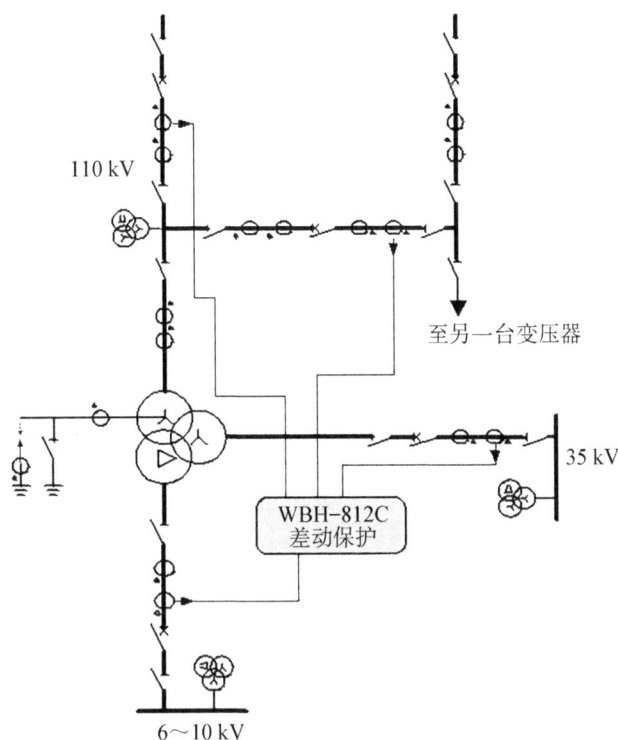

图 6-22 WBH-812C 在三圈变中的典型应用配置

表 6-3 WBH-812C 微机变压器保护装置功能表

功 能 分 类	功 能 名 称
保护功能	纵差差动保护
	纵差差动速断
	差流越限告警
辅助功能	时间同步管理
	录波
	装置故障告警
	保护模拟量上送

以 WBH-812C 微机变压器保护装置为例,其保护功能主要有纵差差动保护、纵差差动速断、差流越限告警。

1. 纵差差动保护

纵差差动保护能反映变压器内部相间短路故障、高(中)压侧单相接地短路及匝间层间短路故障,既要考虑励磁涌流和过励磁运行工况,也要考虑 CT 断线、CT 饱和、CT 暂态特性不一致的情况。

高压侧采用小变比 CT 的比率差动的动作方程为：

$$\begin{cases} I_{op} > I_{op.0}, & \text{当 } I_{res} \leqslant I_{res.0} \\ I_{op} \geqslant I_{op.0} + S(I_{res} - I_{res.0}), & \text{当 } I_{res.0} < I_{res} \leqslant 6I_e \\ I_{op} \geqslant I_{op.0} + S(6I_e - I_{res.0}) + 0.6(I_{res} - 6I_e), & \text{当 } I_{res} > 6I_e \end{cases}$$

式中：I_{op} 为差动电流；

    $I_{op.0}$ 为差动最小动作电流整定值；

    I_{res} 为制动电流；

    $I_{res.0}$ 为最小制动电流整定值；

S 为比率制动系数整定值，各侧电流的方向都以指向变压器为正方向。

对于两侧差动动作方程为：

$$I_{op} = | \dot{I}_1 + \dot{I}_2 |$$

$$I_{res} = | \dot{I}_1 - \dot{I}_2 | / 2$$

式中：$\dot{I}_1$，$\dot{I}_2$ 分别为变压器高、低压侧电流互感器二次侧的电流。

对于三侧及以上数侧的差动动作方程为：

$$I_{op} = | \dot{I}_1 + \dot{I}_2 + \cdots + \dot{I}_k |$$

$$I_{res} = \max\{ | \dot{I}_1 |, | \dot{I}_2 |, \cdots, | \dot{I}_k | \}$$

式中：$3 \leqslant K \leqslant 4$，$\dot{I}_1$，$\dot{I}_2$，$\cdots \dot{I}_k$ 分别为变压器各侧电流互感器二次侧的电流。

纵差差动保护动作特性如图 6-23 所示。

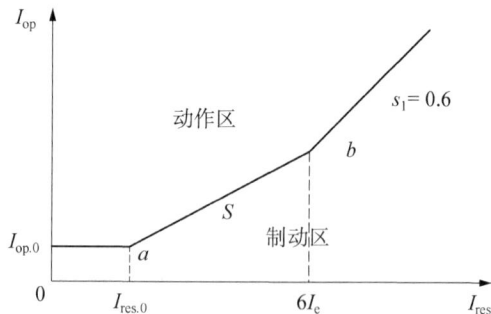

图 6-23 纵差差动保护动作特性

纵差差动保护逻辑图如图 6-24 所示。

微机变压器保护装置提供两种励磁涌流识别方式，当"二次谐波制动"整定为 1 时，采用二次谐波原理闭锁；当整定为 0 时，采用波形比较原理闭锁。

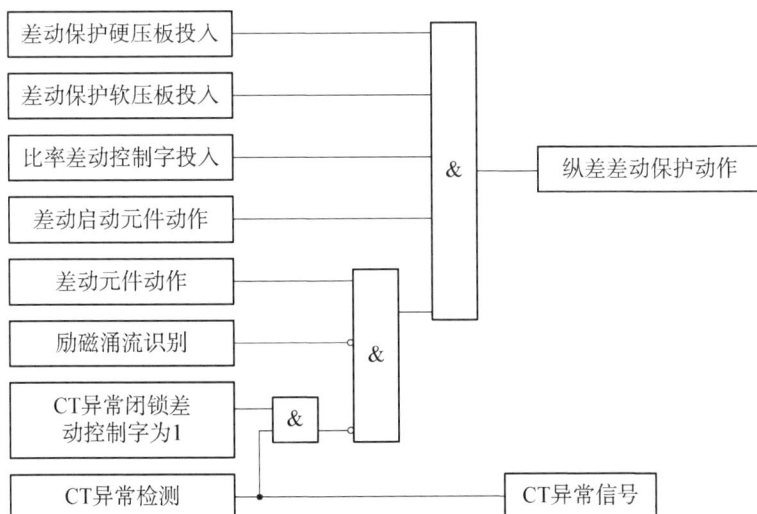

图 6-24 纵差差动保护逻辑图

（1）二次谐波判据。装置采用差动电流中的二次谐波含量来识别励磁涌流,判别方程为:

$$I_{op.2} > K_2 \cdot I_{op.1}$$

式中:$I_{op.2}$——差流中的二次谐波;

$I_{op.1}$——差流中的基波;

K_2——整定的二次谐波系数。如果某相差流满足上式,则闭锁纵差差动保护。

（2）波形比较判据。本装置根据变压器的不同工况自动选择差动电流或相电流计算波形的不对称度,计算出励磁涌流的波形不对称度更加真实。判别方程如下:

动作方程:

$$S_{sum+} > K \cdot S_{sum-}$$

式中:S_{sum+}——差动电流采样点的不对称度值;

S_{sum-}——对应差动电流采样点的对称度值;

K——装置内部设定系数,不需整定。如果某相差流满足上式,闭锁纵差差动保护。

（3）波形比较判据。为了防止在变压器区外发生故障等状态下的 CT 饱和所引起的比率制动式差动保护误动作,本装置设有 CT 饱和判据。由铁磁元件的"B-H"曲线可知,区外故障起始时和一次电流过零点附近 CT 存在一个线性传变区,因此,区外故障 CT 饱和时,差动电流波形不完整,存在间断。采用时差法判断出为变压器区外故障后,如果判断出差动电流不完整,存在间断,则闭锁差动保护。并采用虚拟制动量的 CT 饱和识别专利技术,既能有效防止区外故障保护误动作,又能保证在区内故障及区外故障发展成为区内故障时保护的快速动作。

（4）CT 异常判据。当差动保护启动后,启动 CT 异常判别程序,满足下列条件认为 CT异常:

① 本侧三相电流中至少一相电流不变;

② 任意一相电流为零。

通过定值 CT 异常闭锁差动控制判别出 CT 异常后是否闭锁差动保护。当 CT 异常闭锁差动整定为"0"时,判别出 CT 异常后不闭锁差动保护;整定为"1"时,判别出 CT 异常后闭锁差动保护。如果差流大于 1.2 倍高压侧二次额定电流时,则开放差动保护。

差动保护是通过接在被保护设备的两端的电流互感器来实现的,通过一定的接线方式,使在正常情况时两侧电流互感器检测的电流之和为零。当设备出现故障时,流进被保护设备的电流和流出的电流不相等,差动电流大于零。当差动电流大于差动保护装置的整定值时,上位机报警保护出口动作,将被保护设备的各侧断路器跳开,使故障设备断开电源。这种功能可有效保护变压器绕组或引出线各相的相间短路、大接地电流系统的接地短路以及绕组匝间短路。

2. 纵差差动速断

由于纵差差动保护需要识别变压器的励磁涌流和过励磁运行状态,当变压器内部发生严重故障时,不能够快速切除故障,对电力系统的稳定带来严重危害,所以配置纵差差动速断,用来快速切除变压器严重的内部故障。

当任一相差流电流大于纵差差动速断电流定值时纵差差动速断瞬时动作,跳开各侧断路器。纵差差动速断逻辑图,如图 6-25 所示。

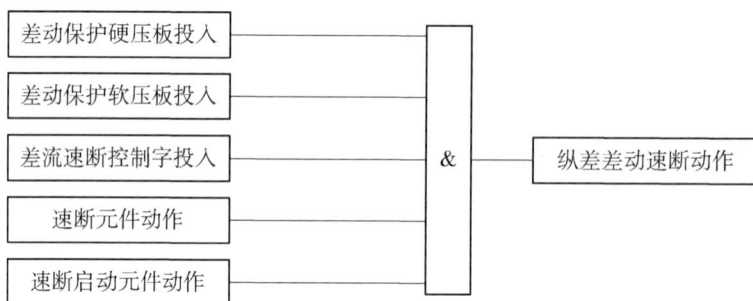

图 6-25 纵差差动速断逻辑图

3. 差流越限保护

当任一相差流电流大于 0.2 倍额定电流 I_e(第 1 侧二次额定电流)时,延时 5 s 报差流越限信号。差流越限保护的逻辑如图 6-26 所示。

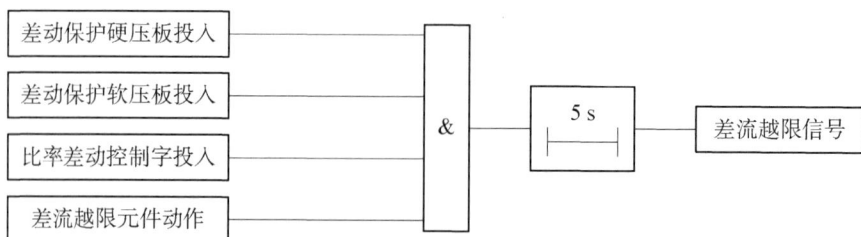

图 6-26 差流越限保护逻辑图

微机变压器保护装置除了上述保护功能，有的还具有瓦斯保护功能，其功能主要是保护变压器的内部短路和油面降低的故障。瓦斯保护分为轻瓦斯保护与重瓦斯。

轻瓦斯是由于气体聚集在朝下的开口杯内的使开口杯在变压器油受热分解产生了气体，上浮接通继电器，发出报警。它反映变压器内故障轻微。变压器油受热迅速膨胀冲向油枕时，重瓦斯重瓦斯是由于变压器内有严重的故障，使变压器油受热迅速膨胀冲向油枕时，重瓦斯内挡板被冲开一定角度，接通继电器，产生信号。瓦斯保护的原理如图 6 - 27 所示。

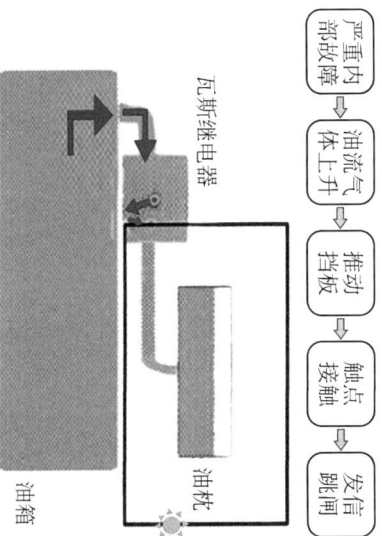

图 6 - 27 瓦斯保护原理图

任务实施

指导老师准备各类城市轨道交通保护装置简易模型，各组学生依次对差动保护及瓦斯保护的作用及特点进行理论描述，并手绘差动保护与瓦斯保护的原理图。

任务评价

按照各学生提交的差动保护与瓦斯保护的原理图及口头表述的两种保护装置的功能描述，指导老师进行评价，并将评价结果记录至表 6 - 4。结合自身表现和指导老师评价，学生对此次任务实施进行总结。

表 6 - 4 任务实施评价表

评价项目	评价标准	满分	实际得分	备注
操作技能	(1) 画下差动保护原理图；(2) 画下瓦斯保护原理图	60		
理论描述	(1) 差动保护及瓦斯保护原理阐述内容完整；(2) 原理理解透彻	30		
参与程度	全程认真参与，过程中善于发现问题，积极沟通交流	10		
总分		100		

思考与练习

(1) WBH－812C 微机变压器保护装置的保护功能有哪些？

(2) 过电流保护是什么保护的后备保护？

(3) 差动保护与瓦斯保护的保护范围是什么？

(4) 差动保护的保护原理是什么？

参考文献

〔1〕 田淑珍.电机与电气控制技术〔M〕.北京:机械工业出版社,2022.

〔2〕 徐帅.城市轨道交通电工电子技术〔M〕.北京:中国铁道出版社,2017.

〔3〕 齐伟,何红丽.城市轨道交通通信与信号〔M〕.上海:上海交通大学出版社,2018.

〔4〕 林毓梁,马成禄.城市轨道交通接触网〔M〕.北京:机械工业出版社,2021.